Richard Zwick

Über die Sprache des Renaut von Montauban

Richard Zwick

Über die Sprache des Renaut von Montauban

ISBN/EAN: 9783744612890

Hergestellt in Europa, USA, Kanada, Australien, Japan

Cover: Foto ©Thomas Meinert / pixelio.de

Weitere Bücher finden Sie auf **www.hansebooks.com**

Inaugural-Dissertation

zur

Erlangung der Doctorwürde

bei der philosophischen Facultät

der

vereinigten Friedrichs-Universität Halle

eingereicht

von

Richard Zwick

aus Finsterwalde (Nieder-Lausitz).

In dem Gedenken

der theuren Eltern

seiner treuen Schwester Marie

in dankbarer Liebe

gewidmet

vom

Verfasser.

I.
Einleitung.

§ 1.
Handschriften.

Michelant sagt im Schlusswort zu seiner Ausgabe des Renaut von Montauban S. 511: „Abgesehen von 2 Handschriften, welche sich in England, eine davon wahrscheinlich im britischen Museum, befinden sollen, kennt man 8 Handschriften unseres Gedichts... Dazu kommt noch ein kleines, kürzlich in Metz aufgefundenes Bruchstück."

Diese 8 Handschriften werden auch von Hippeau in den Arch. des miss. scientif. 1856, Bd. V, S. 135. Anm. 1 aufgeführt. — Michelant bespricht sie a. a. O.

1. Die Handschrift 39 La Vallière (olim 2730) stammt aus dem 13. Jahrh. (vgl. auch Hist. litt. de la France XXII, 669) und enthält das Gedicht von Renaut auf den 50 ersten Blättern in 18000 Versen. Michelant bezeichnet diese Handschrift mit **L**.

2. Bibl. nat., franç. 775 (olim 7183 ⁱ· ³ Cangé 8) stammt aus dem 13. Jahrh. und enthält 17400 Verse. Michelant bezeichnet diese Handschrift mit **B**.

3. Handschrift der Arsenalbibliothek Belles lettres 205ᵇ aus dem 14. Jahrh. mit etwa 14700 Versen. — Michelant bezeichnet diese Handschrift mit **A**.

4. Bibl. nat., franç. 766 (olim 7183) stammt aus dem Ende des 13. Jahrh. und enthält den Renaut de Montauban hinter dem Roman von Maugis d' Aigremont. 20000 Verse. — Michelant bezeichnet diese Handschrift mit **C**.

1

5. Die Handschrift 247 der Bibliothek de la Faculté de médecine in Montpellier, aus dem 14. Jahrh. (nach P. Meyer, Arch. d. miss. sc. 1867, S. 118 aus der 2. Hälfte desselben), enthält das Gedicht über Renaut unvollständig. 11 — 12000 Verse. — Michelant bezeichnet diese Handschrift mit **M**.

6. Eine Handschrift in Metz, beschrieben von Mone im Anzeiger 1837, 328; sie ist unvollständig, hat etwa 13000 Verse und reicht bis S. 331. 16 von Michelants Ausgabe. — Michelant hat diese Handschrift nicht benutzt.

7. Die Handschrift Cod. XVI, CIV, 8 auf der Marcus-Bibliothek in Venedig, aus dem 14. Jahrh. Das Ende ist unvollständig; zusammen 17600 Verse. — Michelant hat diese Handschrift nicht benutzt. —

8. Das eingangs erwähnte in Metz aufgefundene Bruchstück diente zur Deckbekleidung eines Rechnungsbuches der Stadt Metz aus dem 14. Jahrh. Es sind 2 Pergamentblätter aus dem 13. Jahrh., sie enthalten in nur 516 Versen Renauts Reise nach Palästina und den Zweikampf seiner beiden Söhne, und bieten den ältesten und reinsten Text. —

9. Bibl. nat., franç. 764 (olim 7182). Michelant setzt sie in das 14., die Hist. litt. de la France XXII. S. 704 in das 15. Jahrh. Sie umfasst 29 — 30000 Verse (vgl. auch Gautier, Ep. franç. I. S. 469 Anm. 1). Michelant hat diese Handschrift nicht benutzt, weil sie zum grossen Theile einen Text enthält, der „ganz ausserhalb des ursprünglichen Rahmens des Gedichts liegt und in Ideen, Sprache und allgemeiner Anordnung eine spätere Ueberarbeitung verräth." Jmm. Bekker hat in seiner Ausgabe des Fierabras Bruchstücke daraus mitgetheilt.

10. Die Handschrift Fauchets (Recueil de l'origine de la poésie française 562). Sie ist verloren gegangen. — Vgl. P. Meyer, Romania XIII, 1.

11—12. Hinsichtlich der beiden Handschriften endlich, die sich nach Michelant in England befinden sollen, hat Hippeau a. a. O. S. 134 und 157 — 165 einiges mitgetheilt, und von

den daselbst abgedruckten Fragmenten zeigt Fragment I
(S. 162) grosse Aehnlichkeit mit Michelant 161, 163. 14 ff,
173. Ausführlichere Nachrichten darüber hat Matthes in
seinem „Renout van Montalbaen, Groningen 1875" S. XII ff
gegeben. — Vgl. auch Stengel in Böhmer's Rom. Stud. III.
1873 S. 381 und Matthes „Die Oxforder Renaushandschrift,
Ms. Hatton 42 Bodl. 59" u. s. w. im Jahrbuch für rom. und
engl. Sprache und Literatur N. F. III. 1876. Sie stammt
aus dem 13. Jahrh., enthält etwa 9650 Verse auf 173 Blättern,
von denen Blatt 71—173 (Ms. Bodl. B.) fast in Allem, öfters
wörtlich, mit dem Text in Michelants Ausgabe (227. 5—403. 6)
übereinstimmt. Blatt 1—70 (Ms. Bodl. A.) ist jünger als
die Michelant'sche Abfassung und zeigt eine neue Entwicklung
der Sage. —

13. In Romania III. 507 wird mitgetheilt, dass P. Meyer
in Cambridge eine neue Handschrift des Renaut entdeckt hat.

Ueber Prosaauflösungen, Ueberarbeitungen und Ueber-
setzungen des Romans vgl. Hist. litt. de la Fr. XXII. 706 ff
und Gautier, Ep. franç. I. 301 ff, 433 ff, 488 ff, 522 ff. —

§ 2.
Michelant's Ausgabe.

Die von Michelant veranstaltete Ausgabe des Renaut
v. Montauban (LXVII der Bibliothek des literarischen Vereins
in Stuttgart 1862) ist keine kritische. Von den in § 1 auf-
geführten Handschriften hat der Herausgeber 5 benutzt: L, B,
A, C, M; am wenigsten A und M, aus welchen „einige Vari-
anten" aufgenommen wurden. Die übrigen L, B, C enthalten
einen Text, der sich im Allgemeinen in vielen Punkten gleicht;
B und C haben wieder unter sich grosse Aehnlichkeit in
gemeinsamer Abweichung von L (so von S. 331 ab), doch
steht B der Handschrift L näher, sodass B an vielen Stellen
L ergänzen kann. —

Hauptsächlich sind die Handschriften L und B zu Grunde
gelegt (und nicht, wie Gautier a. a. O. I. 635 sagt: Le texte
de ce beau roman, admirablement dressé d'après le manuscrit
205 de la bibliothèque de l'Arsenal, est . . . .) .; L reicht

von S. 1—410. B von S. 410—457 (Ende). Von S. 410—439 ist L ganz unberücksichtigt, und in den Varianten steht ausschliesslich C; von S. 439 ab nähert sich L wieder B, und C musste unberücksichtigt bleiben, und von 450, 9 bis Ende haben L und B gleichen Text. — Der so durch Zusammensetzung und Vermischung zweier und mehrerer Handschriften hergestellte Text erschwert die Untersuchungen über die Sprache in hohem Grade, um so mehr, als Michelant oft Reime resp. Assonanzen der zu Grunde gelegten Handschrift durch die der andern Handschrift ersetzt, ohne dass immer eine Nothwendigkeit dafür vorhanden ist, in den meisten Fällen, um eine Wiederholung desselben Reimworts zu vermeiden, so 140. 5, 142. 11, 148. 37, 215. 22, 301. 30, 331. 7. 23, 341. 33, 350. 28, 373. 9, 387. 17, (223. 36 im Verse); er ändert aber andrerseits nicht 189. 26, 313. 28, 348. 20 (und 326. 35 im Verse). — Ferner sah sich der Herausgeber gezwungen, an manchen Stellen, wo alle Handschriften ihn verliessen, selbst „eine Lücke auszufüllen, etwas Unverständliches zu berichtigen, einen Vers zu vervollständigen oder einen falschen Reim durch den echten zu ersetzen," so 68. 33, 141. 20, 166, 27. 208. 37, 243. 23, 286. 10, 321. 6, 337. 31, 338. 22, 358. 3, 373. 29, 456. 23. In manchen Fällen ist dennoch ein falscher Vers stehen geblieben, den er übersehen hat, wie 102. 28, 156. 31 (wo *requerre* in *querre* zu kürzen ist), 350. 1 (wo *en* oder *i* zu streichen ist), 368, 4, (wo *et* vor *ge* einzuschieben ist), 425. 4 (wo durch Abfall des Schluss *s* in *Karllesmaines* die Silbenzahl des Verses richtig erscheint, vgl. S. 23. 34); er übersieht Vers 321. 25 im Vergleich zu 321. 19. — In 409. 19 ist durch ein blosses Versehen des Setzers das femin. *e* in *hardi chere* vergessen worden. V. 73. 22 steht *cuidui* verdruckt für *cuidai* — Wie der Herausgeber V. 141. 25 *Vos homes seroie liges, acatés a deniers* stehen liess, hat er andrerseits V. 263. 30 (L) *Mais ja hom crestiens n'estra par moi ocis* fälschlich nach B C geändert in: *Mais ja homes crestiens n'estra par moi ocis;* denn *crestiens* ist dreisilbig (vgl. 504. 11, 408. 22, 410. 10. 20. 25, 411. 10 u. s. w. vgl. auch *crestiënté* 166. 13) — 408. 33 erscheint

crestien zweisilbig, was durch Wegfall von *les* vermieden
wird. —

Die Varianten nebst einigen Bemerkungen textkritischer
und grammatischer Natur hat der Herausgeber in den „An-
merkungen" S. 520 ff seiner Aufgabe nachgetragen. Solche
Angaben abweichender Lesarten erfolgen aber nicht immer
(vgl. Hist. litt. XXII. 669 ff, wo Bruchstücke aus L und C
abgedruckt sind, mit Michelants Text); Michelant sagt selbst
S. 534, dass es ihm nicht möglich war, alle Abweichungen
aufzuzählen. — In dem Abschnitt „Inhalt des Gedichts,"
S. 458—502 erzählt der Herausgeber den genauen Verlauf
der Chanson, Seite für Seite. — Im „Schlusswort," S. 503 bis
519, giebt er ausser dem Verzeichniss und der Besprechung
der Handschriften (vgl. § 1) eine literarhistorische Skizze des
Gedichts, behandelt die Frage über die Enstehungszeit und
die Heimath desselben und legt die von ihm bei der Fixirung
des Textes befolgten Grundsätze in Bezug auf Interpunction
und Accentuirung [1]) dar. —

§ 3.
Zusammensetzung der Chanson.
A) Der Stoff.

Ausser der Episode des Schachspiels beim ersten Auf-
treten der Haimonskinder, die sich mit einiger Abweichung
auch in andern Gedichten des karolingischen Sagenkreises findet,
und der Episode von Renauts Thaten in Palästina, welche ihre
Entstehung den Berichten über den ersten Kreuzzug [2]) verdankt

---

[1]) Abweichend von Michelant setze ich in altfranz. Wörtern nur den
Acut, um die Betonung, nicht die Aussprache der betreffenden Vocale zu
bezeichnen, und zwar nur auf auslautendes e (— é) und auf c vor s (és)
in mehrsilbigen Wörtern. —

[2]) So Longnon. Martin in Haupt's Zeitschrift Bd. XIX. S. 218
meint, dass Renaut am 3. Kreuzzuge nach 1189 Theil genommen habe,
nachdem Jerusalem eben von den Heiden erobert worden war. Dasselbe
Ereigniss hat auch die niederl. Bearbeitung des Renaut. Gemeint ist wohl
die Belagerung von Accon; denn „die Belagerung und Eroberung Jerusa-
lems", wie es im Gedicht angegeben wird, „spiegelt nur die Wünsche und
Hoffnungen der Kreuzfahrer wieder, nicht ein wirkliches Ereigniss."

und ein späterer Zusatz ist — wovon weiter unten — hat
unsre Chanson nach Longnon in der Revue des questions
historiques XXV. 1879, S. 173 ff. eine durchaus geschicht-
liche Grundlage. Ausgehend von einem lateinischen Rhythmus
aus dem Ende des 13. Jahrhunderts, der über Renaut als
einen Zeitgenossen Karls des Grossen, aber nachmaligen Mönch
zu Köln unter dem Erzbischof Agilolf handelt, welcher letztre
in der That von 746—750 auf dem erzbischöflichen Stuhl
daselbst sass, stellt Longnon die Hypothese auf, dass Renaut[1])
gar nicht unter Karl dem Grossen gelebt habe, sondern ein
Zeitgenosse von Karl Martel gewesen sei, aus dessen Kämpfen
mit dem König und Majordomus von Neustrien, sowie mit
dem König Eudo von Gascogne († 735) der Stoff zu unsrer
Chanson entnommen sei. — Renaut und seine Brüder seien
demnach unter der Zahl der Franken gewesen, die in den
Jahren 715—719 mit den Waffen in der Hand sich Karl
Martel entgegenstellten. (Dass die fränkischen Annalen weder
den Namen des Aymon noch den des Renaut zeigen, dürfe
bei der Kürze der chronistischen Aufzeichnungen gerade jener
Zeit nicht Wunder nehmen.) Nach Longnons weiteren Aus-
führungen fällt der Aufenthalt der vier Ritter bei König Eudo
in die Jahre 719—731; ihre letzte Etappe in Dortmund ist
als eine Episode in dem Feldzuge anzusehen, den Karl Martel
738 gegen die Sachsen unternahm, und Renauts Tod ist
zwischen 746—750 anzusetzen. Die ersten Dichtungen, welche
die Abenteuer des Renaut besingen, sind also durchaus histo-
risch; sie wurden in späteren Jahrhunderten erweitert, und —
sei es in Folge einer unfreiwilligen Verwirrung, wie sie in den
alten Epen nachweislich nicht selten sind, oder sei es durch
absichtliche Fälschung, um ihren poetischen Erzeugnissen
besseren Eingang beim Volke zu verschaffen — die späteren
Dichter haben Karl Martel durch Karl den Grossen ersetzt.

---

[1]) Ich gebe altfranz. Namen, wo sie ins Deutsche herüberznnehmen
sind, nur in der Form des Accusativs wieder, nach dem Vorgange von
Suchier (Germania 1875, 274 Anm.).

B) Die Frage nach dem Dichter.

Als Dichter des Renaut von Montauban ist früher Huon de Villeneuve angesehen worden. Vgl. Hist. litt. de la Fr. XVI. 232 und XVIII. 721, Roquefort, De l'état de la poésie française dans les XII. et XIII. siècles. S. 140. Gautier, Ep. franç. I. 172, 594, 598 (... du roman original, publié .. par Huon de Villeneuve en 1158). „Diese Ansicht beruht, wie viele andere Aufstellungen Fauchets (Recueil de l'origine de la poésie franç. 562), auf so schwachen Grundlagen, dass wir uns eine ausführliche Untersuchung füglich ersparen können" — sagt Michelant S. 506. Die Frage ist endgültig gelöst von P. Meyer in seiner Abhandlung über Doon de Nantueil (Romania XIII. 1. ff.) — Aber unsre Chanson in ihrer Gesammtheit ist nicht von einem einzigen Dichter, sondern gehört mindestens drei verschiedenen Verfassern an und ist demgemäss zu theilen. —

C) Die Theilung der Chanson.

Nach Michelant (S. 514) ist die Theilung des Gedichts in vier Abschnitte nicht ursprünglich; sie scheint ihm vielmehr nur auf der Willkür des Schreibers von L zu beruhen, weil die Handschrift B nichts der Art enthält und in C die Abschnitte andre sind. — Ich halte jedoch trotz der abweichenden Ansicht Michelants diese Theilung im Wesentlichen für alt und ursprünglich, nur dass ich den II. und III. Theil bei Michelant glaube in einen zusammenfassen zu müssen, sodass also drei Theile zu unterscheiden sind. (Gleichwohl scheint es mir vorsichtiger, in der folgenden sprachlichen Untersuchung die Theilung in 4 Theile beizubehalten.) —

Theil I (von S. 1—135) enthält die Episode über Beuve d'Aigremont und behandelt das Leben der Haimonskinder in den Ardennen und einen Theil ihrer Geschichte in der Gascogne (bis zur Rückkehr vom Wettrennen in Paris).

Theil II und III (von S. 136—174 und S. 175—330) erzählt die Belagerung von Montauban, den Verrath an den vier Brüdern, schildert weitere Kämpfe mit dem Kaiser und

schliesst mit der Gefangennahme des Letzteren und Maugis'
Rückzug in die Einsiedelei.

Theil IV (von S. 331 bis Ende) behandelt die letzten Kämpfe
der Helden, ihre Versöhnung mit dem Kaiser, deren Preis
Baiart ist, darauf Renauts und Maugis' Thaten in Palästina
und schliesst mit dem Tode Renauts. —
Hier ist nur die Theilung des Schreibers auf S. 174—175
aufgehoben. Denn es ist unwahrscheinlich, dass der Dichter,
wenn er S. 174. 6 ein neues Abenteuer der Helden ankündigt,
dieses nicht auch selbst gedichtet haben sollte; ja schon zu
Anfang des II. Theils spielt er darauf an. Nur möchten wir
die Echtheit dieser Verse 137. 25 — 138. 17, wenigstens an
dieser Stelle bezweifeln. Der Eingang des II. Theiles macht
uns mit der Absicht Karls bekannt, Montauban zu belagern
und dazu alle seine Fürsten zu beschicken. Dem widersetzt
sich Doon de Nantueil, weil sie schon fünf Jahre von Hause
fern gehalten worden seien. Als Antwort auf diesen Einwand
wiederholt Karl nur und zwar ganz energisch seinen Ent-
schluss, auf jeden Fall Montauban zu belagern; — aber diese
Antwort lesen wir erst nach einer 31 Verse langen Andeutung
des Dichters von dem Verrath des Königs Eudo in der Ebene
Vaucolor, von der Gefangenschaft Richards und Maugis' und
von den Zauberkünsten des Letzteren. Dies ist offenbar ein
Versehen eines letzten Redactors, der diese Verse richtiger
auf S. 174 oder 175 hätte anbringen sollen, wo die Helden
nach Vaucolor aufbrechen.

Die Gründe dieser Dreitheilung sind:

a) *formale:*

α) rein formale:

1. Theil I hat seine besondere Einleitung (1. 1—3) und
   seinen besonderen Schluss (S. 135), wo beschlossen
   wird, nach Verlauf von sieben Jahren ein mächtiges
   Heer gegen Renaut und König Eudo ins Feld zu
   führen. Theil II hat auch seine besondere Einleitung
   (136. 1—4).

2. Die Laissen erreichen in II. und III. eine viel bedeu-
   tendere Länge als in I. und IV.

β) sprachliche:

1. Theil I und IV sind gereimt, II und III ist in Assonanzen geschrieben.

2. In II und III fehlen Laissen auf *or* ganz, solche mit weiblichem Versausgange sind auffallend gering (vgl. § 4. 3). Nur in II und III stehen die wenigen Beispiele der Bindung *ie* + *Nasal: ie* + *oral. Consonanten* (vgl. § 13). In II und III findet sich die Vermischung von o + *Nasal* mit *o* + *oral. Conson.* am öftesten (in I gar nicht, in IV nur viermal). Die Bindung von o^1 + *n mouillé: o^1 + n od. m* kommt besonders in II und III vor (vgl. § 6). II und III fast ausschliesslich eigen sind Redewendungen von der Form *u il vollent u non* (vgl. 136. 27, 137. 20, 159. 35, 186. 2, 201. 38, 202. 13, 241. 38 u. s. w.)

3. I und IV unterscheiden sich in folgenden Punkten: IV hat eine viel gewandtere Sprache als I, grössere Verschiedenartigkeit und grössere Anzahl der Reimvocale; IV hat deren 17, I nur 9, in IV ist das Verhältniss der weiblichen Reimvocale zu der Gesammtzahl 1 : 1,5, in I nur 1 : 3.

Chanson IV eigenthümlich sind Reime in o^2 und e^2, Laissen in reinem *oi* (vgl. § 11), in *i* + *Nasal* und reine weibliche Laissen auf *a od. e* + *Nasal* (vgl. § 7), Laissen auf *a* und *e* + *mouill. l* (+ *e*): die Bindung *ai: offnem e* findet sich besonders in IV. Mit einer Ausnahme (164. 27) findet sich die Reimendung *-al* (lat. *-alem*) nur in IV. Theil IV bringt neue Betheuerungsformeln, andre Heilige hinzu, wie Saint Elye, Remy 438. 7, 446. 27, Gervais 336. 24, 354. 4, Domont 351. 1. Hilaire 359. 30, Sainte Agace 345. 38, Katerine 346. 38 u. s. w.

b) *sachliche Widersprüche:*

In I heisst Renauts Frau Aëlis 117. 10, in II, III und IV Clarisse 170. 9, 226. 3, 224. 28, 172. 34, 220. 14, 417. 13. In I werden die Flüchtlinge von dem Eremiten Gautier 133. 30 bewirthet, in IV heisst dieser Bernart 362. 33. Theil I erzählt uns die Flucht der vier Brüder nach dem unglückseligen Schachspielvorfall, vom Hofe in die Ardennen; Theil II und III, wo Renaut selbst S. 227. 5 ff. sein Zerwürfniss mit dem Kaiser erzählt, erwähnt das Schachspiel mit keiner Silbe und lässt die Ritter vom Hofe direct in die Gascogne flüchten.

D) Die Altersfolge der einzelnen Theile.

P. Paris, Hist. litt. XXII. 688 und Gautier. Ép. franç. I. 271 sowohl wie Longnon a. a. O. 196 entscheiden sich dafür, dass der älteste Theil unsrer Chanson derjenige sei, welcher das Leben der vier Brüder in den Ardennen behandelt, also Theil I. Während nun aber P. Paris die Theile, die uns mit den Abenteuern in der Gascogne bekannt machen, als eine aus dem Localpatriotismus der Südfranzosen entsprungene Nachahmung der nördlichen Version ansieht und erst als spätere Fortsetzung mit dieser verbunden werden lässt, hält Longnon auf Grund seines geschichtlichen Excurses die Chanson insgesammt für ein dem Inhalte nach einheitliches Ganzes, welches, weil in dem Heimathlande des Renaut entstanden „suivait Renaud depuis son entrée dans la milice jusqu'à sa mort" (Revue etc. S. 196). —

Die in der Ausgabe Michelants vorliegende Fassung unsrer Theile I, II—III, IV führt uns zu folgenden Schlüssen:

Theil II—III ist das älteste Stück der Chanson, weil in Assonanzen geschrieben, schildert uns die Abenteuer in der Gascogne und scheint wegen seiner geringen, fast fehlenden Bezugnahme auf I unabhängig von diesem letztern bestanden zu haben. (Vgl. oben b.)

Theil IV, weil reimend, ist jünger als II—III, bietet aber die unmittelbare Fortsetzung davon, indem er von den letzten Kämpfen vor Montauban, von der Aussöhnung mit Karl handelt. Er schliesst daran die Episode von Renauts Thaten in Palästina, von dem Zweikampf der Söhne des Renaut und endigt mit dem Tode des Letztern. — Zunächst ist der letzte Abschnitt von IV als eine Zuthat anzusehen, die dem Roman ursprünglich fern liegt (Vgl. Longnon a. a. O.

S. 181). Diese Episode weicht in einigen Handschriften
vollständig ab, die Handschrift C bietet sogar einen ganz
andern Schluss (vgl. Michelant S. 515). Vgl. ferner P. Paris
a. a. O. 698 und Matthes, Renout van Montalbaen S. XVIII,
nach welcher letzteren Stelle ein Drama „Les Quatre Fils
Aymon", welches Emile Souvestre (Les derniers Bretons II.
55. éd. Michel Levy) in der Bretagne aufführen sah, und
welches nichts anderes ist als eine vielleicht schon alte Um-
arbeitung der Chanson — mit der Mittheilung schliesst, dass
der Held sein Reisegewand anzieht und nach Palästina
geht. — Das Oxf. Ms. B, welches fast in Allem mit
Michelant übereinstimmt (vgl. § 1), endigt mit der Opferung
Baiarts (Mich. 403. 8): *Ci feni la chancon qui en avant
ne dure;* dafür hat Michelant 403. 8: *Or vos lairons de lui
[Baiart], ne sai se il plus dure* und fährt fort Vers 9—11:
*Si diromes do roi qui en fist chiere oscure. | Toz les barons
depart dont il tenoit grant cure | Et retorne a Paris o sa
forte vesture.* —

Man erwartet übrigens, dass der Dichter nach dieser
Ankündigung nun Weiteres über den König sagen würde;
aber gleich Vers 12 versetzt er uns mit Renaut nach Con-
stantinopel. —

Wenn wir nach alledem dieses schliessende Stück der
Chanson als einen späteren Zusatz anzusehen berechtigt sind,
so müssen wir aber zugleich anerkennen, dass er mit
Theil IV überhaupt zu derselben Zeit dem Gedichte an-
gefügt wurde, da er sprachlich durchaus nicht aus IV heraus-
zunehmen ist. —

Theil I ist reimend und erscheint uns, wie gezeigt werden soll,
als eine spätere Umarbeitung. — Die einleitende Episode
der Kämpfe Karls gegen Beuve ist nach Michelant (S. 514)
„zuweilen als ein für sich bestehendes Gedicht unter dem
Titel *Chanson de Beuve d'Aigremont* betrachtet worden".
Longnon berücksichtigt sie gar nicht bei seiner Untersuchung;
sie fehlt auch in der Magussage, deren zweiter Theil die
Geschichte der 4 Haimonskinder erzählt (vgl. Suchier „Die

Quellen der Magussage", Germania 1875 S. 273 ff.) [1]). Dass
sich diese Episode „jedoch so eng an die Haupthandlung
anschliesst, dass man sie als eine unerlässliche Einleitung
betrachten muss", ist unsres Erachtens erst die Folge einer
Ueberarbeitung. Mit Michelant 45. 37 ist die einleitende
Chanson über Beuve abgeschlossen: die Parteien machen
Frieden und besiegeln und feiern ihn durch beiderseitige
Stiftungen (vgl. 45. 32—37). Unmittelbar darauf, Vers 38,
ohne die geringste Ankündigung des Dichters, bringt Aimon
seine vier Söhne an den kaiserlichen Hof. Es macht das
den Eindruck, als ob an dieser Stelle mechanisch zusammen-
gefügt worden wäre. Diese Vermuthung wird durch Folgen-
des unterstützt: S. 19 stirbt „Loiher", der Sohn Karls, von
der Hand des Beuve; aber 57. 14—15 soll Richart, Renauts
Bruder, ihn, den „Looïs" getödtet haben, 58. 34 wieder
Guischart, und 82. 36 sowie 86. 38 nimmt Renaut selbst
den Tod des „Looïs" für sich und seine Brüder in An-
spruch. Hier liegt eine doppelte Vermischung vor; einmal
ist Looïs identisch mit Bertolai, der von Renaut mit dem
Schachbrett erschlagen wird (vgl. S. 52. 9), und zweitens
mit Loiher, der durch Schwertstreich umkommt (vgl. S. 19,
57. 14; 58. 34). — Sprachlich ist Theil I aber nicht zu
theilen; er ist auch in seiner Gesammtheit in gleicher Weise
gereimt. —

Ueber den inneren Zusammenhang von I und sein Ver-
hältniss zu II—III ist Bestimmtes nicht zu sagen. Theil I
enthält sowohl die Geschichte der Abenteuer in den Ardennen
wie die der ersten Jahre des Aufenthalts in der Gascogne,
welche letzteren in II—III weiter erzählt werden. Gehörte
Beides schon ursprünglich zusammen? Zu Gunsten der Be-

[1]) Wie uns F. A. Wulff (Les Sâgas de Magus et de Geirard et leurs
rapports aux épop. franç. Lund 1874. vgl. Romania IV. 474) mittheilt, tritt
Magus d. h. Maugis nur in dem Theile der Geschichte der 4 Haimonskinder
auf, der sich in den Ardennen abspielt, und steht ausser allem Zusammen-
hange mit König Eudo von Gascogne. Ganz anders in unserer Chanson:
hier erscheint Maugis erst, als die Helden nach der Gascogne ziehen, und
er selbst grade räth ihnen zu dieser Zuflucht (vgl. Mich. 96—97).

hauptung Longnons (vgl. oben D) spricht Mich. 48. 2 ff., wo
der Dichter im Voraus ganz kurz den Verlauf der Geschichte
andeutet und beide Versionen, die über die Ardennen mit der
über die Gascogne verbindet. Aber wie, wenn diese Stelle
erst später eingeschoben wurde? Dann behält P. Paris Recht,
und alle in Hist. litt. XXII 688 angeführten Einzelheiten
gewinnen neue Bedeutung (vgl. auch oben (S. 14) unter b).
Und zugegeben, dass Theil I eine spätere Ueberarbeitung ist
— kann der Ueberarbeiter, welcher ja die Episode über Beuve
der Chanson voransetzte, nicht auch das erste Stück über die
Abenteuer in der Gascogne hinzugefügt haben? Der eigent-
liche Kern blieb für ihn die Episode in den Ardennen, und
diese hat dann wohl schon in einer ältern vielleicht münd-
lichen Fassung für sich bestanden, und II—III muss als un-
abhängig von I angesehen werden. —

Ich habe mich bei dieser Untersuchung auf die gedruckten
franz. Texte beschränken zu dürfen geglaubt, weiss aber wohl,
dass eine endgültige Feststellung der hier erörterten Punkte
erst möglich sein wird, wenn auch die bis jetzt nicht hin-
reichend bekannten franz. Handschriften und die niederl. und
ital. Darstellungen mit herangezogen werden. Ich habe vor
der Hand meine Aufgabe mit Rücksicht darauf enger gefasst,
dass ich vor Allem die sprachliche Untersuchung des von
Michelant herausgegebenen Textes unternehmen und die Frage
nach der Zusammensetzung desselben nur in soweit streifen
wollte, als dieselbe von der sprachlichen Untersuchung nicht
zu trennen war. —

§ 4.
Bindung, Vers und Strophe.

Die Chanson ist, wie sie uns in der Ausgabe Michelants
vorliegt, theils in reimenden, theils in assonierenden Alexan-
drinern geschrieben, die je nach dem Versausgange zu männ-
lichen oder weiblichen Strophen, Laissen, verbunden sind.
Es ist also nicht richtig, wenn Gautier a. a. O. 203 sagt:
„Renaud de Montauban est purement et absolument rimé";
dies können wir kaum von Theil I (Mich. 1—135) und Theil IV
(331—Ende) behaupten. (Wir behalten bei unseren weiteren

2

Untersuchungen die Theilung bei Michelant in 4 Abschnitte
bei, vgl. oben § 3 C, unterscheiden aber ausserdem die Hand-
schrift L (1—410) und B (410. 2—Ende). —
1) Theil I ist im Grossen und Ganzen gereimt. Einige Asso-
nanzen vgl. Tobler, Versbau 2. Aufl. S. 112), noch mehr
aber ungenaue Reime laufen mit unter. — Von den 120
Laissen dieses Theiles (88. 8—89.6 auf—*é* dürfen wir- als
eine besondere Laisse betrachten) mit 5106 Versen sind
58 Laissen mit 2174 Versen streng gereimt, nämlich 4. 38,
7. 27, 12. 1. 12. 28, 13. 15, 14. 8, 15. 25, 16. 14, 18. 3.
18. 21, 19. 30, 21. 17, 22. 21, 28. 25, 28. 32, 29. 25,
30. 34, 31. 34. 41. 12, 42. 21, 44. 30, 45. 5, 47. 28, 48. 18,
51. 33, 60. 3, 63. 6. 64. 26, 65. 12, 69. 3. 71. 37, 77. 2,
83. 2, 89. 38, 93. 2, 93. 36, 94. 34, 95. 5, 97. 31, 100. 26,
102. 9, 104. 28, 107. 25, 109. 29, 110. 27, 111. 20. 112. 4,
113. 22, 114. 30. 117. 8. 118. 11, 118. 30, 119. 9, 123. 38,
124. 19, 126. 6, 133. 35, 135. 4. — Die übrigen 62 Laissen
mit 2932 Versen zeigen 211 Verstösse gegen den reinen
Reim. Dieser ist oftmals nur durch Stehen oder Fehlen
eines flexivischen *s* gestört, so 1. 10—11, 33. 8, 43. 34,
45. 38, 87. 35, 96. 16—17, 96. 22—23, 96. 28, 97. 21 etc.
— *principel: aduré* (1. 21) hat *principé:· doré* (52. 16),
chanel: poesté (53. 7) hat *chané: passé* (6. 2) neben sich.
— Vers 8. 20 steht *roncins: partis,* 50. 35: *pris;* aber
135. 14 *roncis: enfouis.* — Vers 51. 7 bindet *Richardins:*
pris; 21. 7 steht *targe* und 21. 14 *large* in einer Laisse
auf *-age,* eine Bindung, die auch Kunstdichter, wie Wace,
nicht vermeiden.
2) Theil IV (Mich. 331—457, davon B. 410—457 zeigt ein
ähnliches Verhältniss der Versausgänge wie I. Von seinen
315 Laissen (422. 31—34 bildet eine besondere Laisse) mit
4813 Versen sind 164 mit 2381 Versen rein gereimt. B mit
106 Laissen und 2818 Versen ist in 29 Laissen mit 486 Versen
rein gereimt. Diese Reime vertheilen sich auf 59 verschiedene
Wortausgänge, die ungefähr zur Hälfte männlich, zur Hälfte
weiblich sind (31 m: 28 w; B hat 9 m: 12 w); neu hinzu
bringt B Reime auf — *aus,* — *our,* —· *irent,* — *oirc.* —

Oefter ist der Reim, wie in I, nur durch Stehen oder Fehlen eines flexivischen s resp. z verhindert, so in zusammen 696 Versen solcher Laissen etwa 129 mal (B hat in zusammen 429 Versen 95 solche Abweichungen vom reinen Reim). Was die anderen consonantischen Abweichungen vom reinen Reim betrifft, sei es im Auslaut oder im Inlaut des Reimwortes, so ist Aehnliches wie in I zu beobachten, nur dass hier in IV diese Fälle viel mannigfacherer Art sind, was denn manchen Laissen den reimenden Character entschieden absprechen muss, besonders in B: z. B. 423. 33 ff., 431. 5 ff.. 439. 15 ff., 440. 20 ff., 450. 31 ff., 454. 10 ff. —

3) Theil II (Mich. 136—174) und III (175—330) sind vorwiegend in Assonanzen geschrieben. — Den reinen Reim zeigen nur in II die Laissen 136. 1, 142. 22, 155. 4 mit zusammen 71 Versen von überhaupt 33 Laissen mit 1449 Versen. — In andern Laissen ist ein Streben nach dem Reime nicht zu verkennen z. B. 136. 25 auf -*on* zeigt unter 31 Versen nur 3, Laisse 145. 4 (57 Verse auf -*on*) 6 davon verschiedene Ausgänge; 146. 23 mit 44 Versen hat nur 10 von -*é*, 148. 29 mit 40 Versen nur 8 von -*ee* verschiedene Ausgänge. — Theil III (32 Laissen mit 5910 Versen) hat nur eine einzige rein gereimte Laisse 230. 7 mit 25 Versen: dem Reime nähert sich Laisse 265. 28, welche von 18 Versen nur 4 mit abweichenden Ausgängen hat. —

Auffallend gering sind in II und III die weiblichen Reime und Assonanzen; Theil II hat von seinen 33 Laissen nur deren 9 (3 auf -*i*, 3 auf -*o*[1], 2 auf -*e*[3], 1 auf *a* od. *e* + *Nas.*), Theil III von seinen 32 Laissen gar nur 2, (229. 27 ff. auf -*u* und 241. 35 ff. auf -*é*).

4) Innerhalb der Laissen sind die Worte nach der gleichen oder ähnlichen Consonanz hinter dem Assonanzvocal sehr oft gruppirt.

Theil I. 1. 10—11, die beiden -*és* in einer Laisse auf -*é*. 4. 15—16 -*é* in einer Laisse auf -*és* (vgl. 6. 38—7. 1) vgl. ferner 96. 22—23, 97. 24—30 und öfter in Laissen auf -*é* (-*és*), wo der Schreiber, dem Reim zu Liebe, willkürlich das *s* schreibt oder weglässt.

Theil II. 150. 36—151. 5. 151. 21—24. 152. 3—7. 152. 10—14. 157. 14—16 sind die Endungen -*er* gruppirt; in 164. 27 ff. sind Worte auf -*al*, -*ai* (*s*), -*ast*, -*ars* zusammengestellt; Laisse 168. 7 ff. bringt neben vereinzelten -*er* diese Endung siebenmal paarweise. Solche Gruppirungen geschehen öfters sowohl am Anfang als am Schluss der Laissen; (vgl. 149. 28—30, 174. 10—14 und ähnliche).

Theil III. Laisse 230. 32 ff. zeigt Häufung von -*er* 233. 1—13 und sonstige kürzere Gruppirungen dieser Endung 231. 35—38, 236. 2—5 etc. — Gruppirungen von -*or* (gewöhnlich aber nicht über 4 Verse) sind 175. 1—2, 176. 38—177. 1, 182. 19—20, 190. 15—17. 190. 24—26, 201. 15—18 etc. Laisse 229. 27 ff. hat die Endung -*ure* nie vereinzelt u. s. w.

Theil IV. 345. 2—3, 345. 13—15 haben -*es* in einer Laisse auf -*e*. Laisse 415. 18 ff. zeigt -*ist* zweimal in je 3 Zeilen aufeinander, in 424. 14 ff. kommen die -*ans* nie vereinzelt vor; 457. 12—13 stehen die beiden -*ast* in einer *a*-Laisse. Gruppirungen am Anfang wie am Ende von Laissen finden sich 344. 7—10, 350. 11—13, 367. 22—24 etc.

Laissen in unvermischtem -*or*, die auch rein gereimt sind, stehen nur in I und IV.

I. 69. 3, 107. 25, 111. 20.

IV. 339. 17, 341. 19, 368. 22, 388. 3, 395. 18. Laisse 420. 6 hat einmal *vos: poigneor,* Laisse 347. 12 hat *croce* und *noces: force.* —

5) Mässige Länge der einzelnen Laissen und eine gewisse Gleichheit derselben unter einander besteht nur im IV. Theile unserer Chanson, wo

auf 4813 Verse 315 Laissen kommen;

I hat auf 5106	„	119	„
II	„ 1449	„	33	„
III	„ 5910	„	32	„

Von den Laissen des IV. Abschnitts haben 52 unter 10 Verse, 454. 11 ff. hat 6 Verse, 426. 17 ff. nur 5 und 422. 31—34 gar nur 4 Verse. — 11 Laissen haben 30 und

mehr Verse; die längste (431. 5 ff.) umfasst deren 64. —
Ganz anders verhält es sich damit in I—III der Chanson:
von ihnen zusammen haben nur 37 Laissen 20 und weniger
Verse (unter 10 nur 4, nämlich 18. 21, 28. 25, 42. 21, 94. 35).
Aber 39 haben zwischen 50 und 100 Verse, 8 zwischen
100—200 (32. 36, 87. 4, 126. 31, 170. 1, 194. 21, 207. 25,
214. 8, 257. 36), 2 Laissen haben je 200—300 Verse (53. 21,
200. 26). Der III. Theil enthält die längsten Laissen: 4 mit
über 300 Versen (217. 24, 230. 32, 266. 8, 276. 27), 1 mit
504 Versen (243. 21), 1 mit deren 720 (175. 1). — Die längste
Laisse (287. 5—330. 28) umfasst 1658 Verse. —

6) Der Vers. — Unbetontes e am Ende mehrsilbiger Worte
vor Vocal hat selten Silbenwerth, nämlich

S. 111. 24 *Et li c. marceant duske (? dusc'a) Inde major*
144. 19 *Que carne a vilain ne soit ja destornee*
212. 7 *K'il ne feroit joster contre (?encontre) un chevalier*
162. 38 *Trestot de tel samblant, come il a rové*
218. 2 *Comme il vit les freres demener tel dolor*
403. 38 *Mon pain vois demandant, comme un autre las*
409. 31 *Et Maugis gete pierre comme un renoiez*
409. 26 *Au bordon an abat mainte pierre entiere;* öfter in
quanque, wofür man *quanques* schreiben könnte:
224. 3 *Il me venront socorre a quanque il poront*
257. 29 *Or ot Maugis oï tot quenque il queroit;* vgl. ferner
S. 355. 8, 360. 8 u. a. —

B zeigt kein einziges Beispiel. — Der Hiatus wird ver-
hindert bei *quanque* in 438. 37 *Que n'aiut a son frere de
quanques il porra.* — Uebrigens steht in allen Fällen mehr-
fache Consonanz vor *e,* und in vier Fällen handelt es sich um
das Wort *comme.*

§ 5.

Die überlieferte Mundart

(Handschrift L von S. 1—410, B von 410—457).

Die überlieferte Mundart zeigt folgende Eigenthümlich-
keiten.

1. *c* vor ursprünglichem *a* wird bald *ch* (TSH), bald behält
   es seine lateinische Gestalt.

   L: *chaitif* 3. 7, 249. 34, *caitis* 103. 35, 179. 3, *chambre*
   13. 38, 373. 19, *cambre* 99. 14, 334. 1; *chastel* 2. 2,
   230. 31, *castel* 190. 10, 344. 32.

   B: *chans* 451. 23, *chantant* 455. 20, *canchon* 430. 29,
   cantant 454. 12; *chaucie* 442. 1, *caucha* 425. 18.

2. *c* vor einem aus *a* entstandenen *e, ie, i* wird bald *ch*,
   bald *c*, selten *k*.

   L: *chevax* 145. 36, *chevalier* 1. 8, *chevauchent* 5. 34,
   ceval 27. 17, *keval* 352. 6, *cevauce* 331. 1; *chemin*
   257. 34, *cemin* 98. 27. *chief* 17. 19, *cief* 104. 33;
   riche 16. 24, *rice* 110. 30; *kevel* 227. 29.

   B: *chiere* (subst.) 455. 30, *ciere* 432. 34, 440. 38; *chier*
   (adj.) 428. 34, *cier* 423. 23, *cheval* 430. 34, *chemin*
   432. 1, *keue* 440. 9.

3. *g* vor *a* bleibt oder wird ebenso oft zu *j*.

   L: *gambais* 31. 26, *jambe* 383. 32, 235. 8; *herberga*
   403. 16, *menja* (-*mes*) 354. 13, 355. 26, *venjance* 210.
   14, 252. 16.

   B: *gambe* 429. 24, *gambais* 439. 11, *gambison* 439. 33,
   canja (cambiare) 434. 17, *joie* 431. 37.

4. Isolirtes *t* ist noch erhalten

   L: a) hinter *ie: piet* 98. 18, 129. 26, *laissiet* 331. 2;
   b) hinter *u: escut* 105. 6, die Part. *connut* 88. 32,
   89. 4, *recut* 109. 27.

   B: nur hinter *u: salut* 426. 12, *beüt* 456. 27.

5. o (= lat. ǒ) statt des üblichen Diphthongs *ue* zeigen:

   L: *avoc* 344. 12, *dol* 97. 25, *jones* 94. 27, *trove* 149. 22,
   363. 5, *ovre* 218. 36, *vol* 187. 29, häufiger steht *ue:*
   duel 42. 24 u. s. w.

   B: *jones* 432. 19, 435. 7, *ovre* 456. 31, öfter steht der
   Diphthong: *truevent* 445. 8, *aveuc* 426. 10 u. a.

6. *e* statt des üblichen *ie* zeigen:

   L: *ert* (fut.) 100. 12, 105. 8, 108. 34, 193. 29, 332. 7
   u. s. w. *erent* 100. 23, 189. 20 u. s. w. *chef* 403. 31,
   manere 340. 20, *Fere* 144. 8, *destrers* 94. 36.

B: *ert* 411. 31, 413. 21, 446. 37, 447. 1 u. s. w. *li mangers* 441. 37.

7. *c* vor einem lat. *e* oder *i*, sowie *t* vor *i* + *Vocal* sind durch *c* und *ch* wiedergegeben.

L: *prince* 1. 7, *prinche* 148. 1; *France* 5. 34, *Franche* 198. 26, *commence* 335. 3, *commenche* 391. 2, *ici* 70. 7, *che* 336. 32, *cancon* 217. 25, *canchon* 136. 3 u. s. w.

B: *commence* 417. 17, *prince* 417. 23, *canchon* 430. 29, *chanc'on* 413. 24.

8. Offnes *o* mit gedecktem *l* giebt *au*.

L: hat nur *o* (ou): *copee* 31. 24, *coper* 227. 27 u. s. w.

B: *vaut* 424. 37, 427. 20. 38, 447. 11 u. s. w. *vaura* 428. 23, *vaurent* 448. 26, 450. 20 u. s. w. Aber *o* ist gewöhnlicher *voldra* 445. 16. 38 u. s. w. *coup* 433. 28, *copa* 433. 38 u. s. w.

9. Wo in der 3. Pl. Perf. Ind. *s* mit *r* zusammentraf, ist *r* ausgeworfen worden, (Norm. und Franc. haben — str. —)

L: *fisent* 48. 4, 69. 28, 72. 5. 6 u. s. w., *prisent* 143. 26, Ausnahmen: *pristrent* 137. 36, *ocistrent* 118. 37, *remestrent* 98. 14, *distrent* 391. 8, *quistrent* 385. 13 u. a., aber *firent* 341. 34, 363, 15 u. s. w.

B: *assisent* 411. 18, *prisent* 417. 20, 453. 21, 456. 21, *fisent* 451. 20. Daneben *firent* 413. 36, 414, 34, 420. 5. 8, 428. 25. *prirent* 449. 35, *mirent* 453. 36, aber nie — *istrent*.

10. Unbetontes *oi* und *ei* vor *ss* sind zu *i* geworden.

L: *connisson* 225. 21, *connissiés* 283, 15, *pisons* 226. 11 u. a., häufiger stehen Formen mit *oi*.

B: *connisterez* 411. 23, *connistront* 412. 27, *desconnissance* 444. 7, *aparissant* 452. 2.

11. *an* ist von *en* geschieden.

L: (a): *flanc* 36. 31, *enfant* 91. 3, *remanra* 269. 36 u. s. w. (e): *docement* 47. 21, *pent* 207. 16, *jouvent* 387, 28 u. s. w.

B: (a): *avant* 413. 2, *grant* 440. 2, *remnra* 455. 8 u. s. w. (e) *entendi* 412. 28, *durement* 434. 30, *amender* 453. 6 u. s. w.

Ausnahmen: *a* für *e* zeigen

L: *ensemant* 2. 32, *resplant* 3. 10, *parant* 155. 29,
Valance 370. 34 u. a.

B: *cusamble* 420. 33, 441. 1, 449. 24, *samblant* 451. 29.

e für *a* zeigen:

L: *besent* 3. 24, *avence* 379, 9 (neben *avance* 370. 33,
besant 15. 32 u. s. w.)

B: *mengera* 422. 16, 444. 35, *trencha* 430. 15, *arengié*
453. 27 u. s. w. (neben *mangera* 449. 26, *trancha*
430. 16 u. a.)

12. *ieu* wird zu *iu*.

L: *akiut, akiust* (*aciut aconsiut aquiut*) 65. 38, 250. 15,
257. 34, 308. 5 u. s. w. *siuent* 112. 28, 285. 15.
Die Formen mit *ieu* sind häufiger, *miels* 79. 23,
Diex 364, 9 u. s. w.

B: *Diu* 418. 35, 419. 3. 7, 420. 14. 29, *Dix* 419. 12;
ferner *mix* 427. 19, 431. 23. Daneben *ieu* wie *akieut*
453. 34 u. a.
Es findet sich aber nur *iex* (oculos) 52. 10, *iels, ieus*
160. 3, 360. 5, 386. 11, *ex* 440. 26, niemals *ix*.
Der umgekehrte Fall eines *ieu* aus *iu* findet sich in
lieu 379. 38 (L) neben dem öfteren regelmässigen *liu*.

13. *s* zwischen Vocalen in Perfectformen ist bald geblieben,
bald geschwunden.

L: *fesist* 94. 1, *feïst* 21. 27, *fesistes* 24. 4, *feïstes* 51. 38,
presist 181. 35, *preïst* 86. 21, *presistes* 183. 10,
preïstes 333. 16 u. s. w.

B: *feïst* 451. 22, *feïstes* 420. 22, 431. 33, *meïst* 430. 1,
deïst 443. 8, *preïmes* 437. 8. Daneben nur *fesis*
420. 18.

14. Die 1. Sing. Praes. zeigt im Auslaut ein aus *fac* (138. 33)
übertragenes *c*.

L: *cuic* 190. 35, 208. 5, 355. 19, *hac* 137. 2, *chalenc*
205. 2 u. s. w.

B: *cuic* 421. 19, 456. 23, *manc* 442. 27. 35, *renc* 443.
2. 4 neben *cuit* 411. 5, 416. 7. 8 u. s. w.

15. Offnes *e* ist in den Diphthong *ie* verwandelt.

L: *bielement* 45. 22, *apiele* 131. 2, *tiere* 132. 3, 141. 7.
castiel 108. 31, 110. 8. 14. 28 u. s. w. *noviele*
143. 32, *biel* 119. 24, *pries* 356. 21 u. a.

B: zeigt kein Beispiel.

16. Umstellung von *Consonant* + *er* in *Consonant* + *re* ist
in einigen Worten häufig.

L: *fremillon* 43. 25, 260. 9 u. s. w., *fremé* (*defremer*,
enfremer) 96. 15, 145. 27, 223. 16 u. s. w. *esprevier*
112. 25, 200. 23.

B: *fremé* 416. 23, 425. 37, 443. 17, 418. 14 neben *fermé*
425. 37 u. a.

17. Den Diphthong *ou* (mit off. o) des Normannischen und
Francischen zeigen

L: *pou* 369. 4 etc., *ot* 3. 31, 46. 4, *sorent* 168. 20
trou 365. 24, *sot* 106..17, *porent* 90. 22, *pot* 377. 31,
plot 84. 36.

B: *pot* 429. 19, *porent* 453. 15, *ot* 429. 25, *orent*
454. 24 etc.

Picardisches *eu* (nie *au*) haben.

L: *treu* 361. 22, 377. 7, *peu* 5. 4 neben *poi*.

B: *peu* 419. 38, 439. 14, *peut* 441. 28, *seut* 448. 35,
eut 457. 29 neben *poi* 420. 24, 422. 15 etc.

18. Ein dem betonten *e* aus lat. a nachklingendes *i* findet sich

L: *seit* 361. 35, *clartei* 361. 38, *asseis* 360. 25, *citei*
403. 15.

B: zeigt kein Beispiel.

19. Der weibliche Artikel lautet *la* und *le*

L: *le* 6. 20, 29. 15, 102. 31, 333. 5 etc.

B: 416. 8, 417. 25. 33, 419. 13 etc.

20. Die Possesiva *miue, tiue, siue*.

L: *siue* 2. 26, 7. 16, 35. 24, 173. 34, 302. 6, 314. 19
(seue) etc.

B: hat kein Beispiel.

Die überlieferte Mundart deckt sich mit der ursprüng-
lichen in folgenden Punkten:

21. Die Endung -*mes* der 1. Plur. Vgl. § 25. 1.

22. Die Imperfect- und Condicionalendungen, -*iens* (-iëns) und -*iés* (-iés) Vgl. § 27.

23. Einige Verkürzungen im Pronomen. Vgl. § 23.

24. Die Verwandlungen von *iee* in *ie*. Vgl. § 9. 5.

L und B stimmen in allen Punkten überein ausser 9. 15. 18. 20. — Beide zeigen nach den meisten der vorstehenden Punkte Eigenthümlichkeiten der picardischen Mundart; näher localisirbar ist L · im Unterschiede von B nach 15: Der Uebergang des *e* in *ie*, der aber hier nicht streng durchgeführt ist, weist nach Ponthieu, Artois, Cambrai, Namur (vgl. Suchier, Aucassin und Nicolete S. 64. 22). —

II.
Die ursprüngliche Mundart auf Grund einer Untersuchung der Reime und Assonanzen.

a) Vokale.

§ 6. o.

1. o^1 findet sich sowohl vor nasalen wie vor oralen Consonanten. Vermischung beider findet in Theil I gar nicht, in II viermal (139. 4, 160. 23. 34. 36), in IV auch viermal statt (404. 15. 21, 415. 34, 441. 29). In III bietet jede -*on* Laisse zahlreiche Beispiele. — S. 223. 35 *mains: traïsON* ist zu ändern in *poins: traïsON* vgl. 188. 11. 21, 244. 34, 279. 29. — Ueber reine Laissen in -*or* vgl. § 4. 4. Nur B zeigt Laissen auf -*our*; eine (433. 15 ff.) ist rein gereimt, die andre (410. 26 ff.) mit zwei Ausnahmen.

o^1 vor *n mouillé* wird gebunden mit o^1 vor *Nasal* (*n* oder *m*). (Vgl. Engelmann. „Ueber die Entstehung der Nasalvocale im Altfranz. Halle 1882" S. 19 und 51) z. B. *Gascoigne, besoigne: ROME, ONQUES, cONTE* 139. 10 ff.; *loing: AymON* 184. 5, *besoing: blONS* 225. 33, : *preudOM* 227. 2: *AvalON* 262. 21; *doint: grenON* 263. 10, : *nevecON* 223. 34 *loing: savON* 226. 1 u. s. w. In zwei Fällen ist o^1 vor *n mouillé* gebunden mit *o* + *oral*.

*Consonanten. besoing: col*OR 187. 37, : s*OLS* 196. 8,
beide in II—III.

2. o^2 kommt nur in IV vor. — Laissen auf -o^2 sind: 339.
17, 347. 12, 368. 22, 397. 36, 402. 24. — B zeigt keinen
Reim auf -o^2.

o^2 ist nicht streng von o^1 geschieden in folgenden Fällen:
356. 12 *saole* (von satullare): *acole* (von collum), 380. 15
ore (hora): *acole: more* (maurus), 391. 35 *monde: recon-
forte;* 397. 38 und 398. 10 steht *sol* (solus): *fol.* Laisse
402. 24 ff. bindet *loe: gloe: noe: escroe: hoe: boe: froe:
coue: estroe: aloe: floe: cloe.*

$o + m$ od. n (und nicht *ue*) steht in der Asssonanz:
Theil I *on: don* 10. 20, : *façon* 47. 31, : *Fagon* 119. 34. — *hom:
baston* 10. 26, : *baron* 16. 28, : *tençon* 50. 24, : *savom* 93. 29. —
bon: façon 10. 23, : *marison* 10. 36, : *fremillon* 43. 24, : *es-
peron* 48. 9, : *preudon* 50. 20, : *maison* 65. 23, : *barons* 65.
32, *tous: lons* 65. 14.
Theil II *on* 137. 27, 145. 13, 156. 22, 160, 13. *hom* 139. 14.
141. 28.- 32, 145. 8. 27. 28, 146. 15. *preudon* 138. 10, 158.
13. *bon* 138. 16, 145. 20, 146. 19.
Theil III *on* 175. 8, 176. 25, 178. 19, 183. 27, 195. 11, 198.
28 u. s. w. *hom* 175. 21, 177. 26, 177. 35, 179. 2, 186. 23,
189. 1. u. s. w. *preudon* 183. 12, 185. 19, 201. 31, 202. 17,
249. 14 u. s. w. *bon* 225. 20, 244. 23, 252. 23, *son* (sonus)
175. 5; *ton* (tonus) 175. 6, 176. 30, 186. 14 u. s. w.
Theil IV *on* 336. 8, 425. 26, 430. 35; *ton* 348. 11, 349. 6,
416. 1, 425. 28, *hom* 369. 11, 381. 1, 425. 18; *bon* 416. 3.
resone (resonat) 338. 11. —

o^2 und nicht der Diphthong findet sich ferner in Laisse 397.
36 ff. *dol: vol: Pol: linçol: tijol: chevol.*

§ 7. a.

1. *al* neben *el* (lat. -alem) zeigen: *natural* 164. 27, 372. 26,
400. 17, 418. 32; *naturel* (é) 169. 36, 199. 27, 276. 5
(10mal); *carnal* 400. 24, 445. 27 ; *carnel* 52. 36, 300. 25,
264. 7; *poitral* 372. 34 *poitrel* (é) 301. 9, 321. 7; *prin-
cipal* 372. 16. 22, 445. 19, *principel* (é) 1. 21, 52. 16,

166. 5 u. s. w. *mal* (malum) 372. 18. 400. 15 und öfter. *mel* 304. 2, 323. 20, 324. 21. — Neben *el* (aliud) 235. 34. 265. 16 (8 mal) auch *al* 372. 32. Mit einer einzigen Ausnahme (164. 27 *natural*) findet sich die Endung *-al* nur in IV.

2. *an* und *en*. — Die picardischen Denkmäler des Mittelalters scheiden zwischen *a* und *e* vor gedecktem *n* (ganz gleichgültig, ob das *e* in *ent* auf lateinisches e oder i zurückging). Auch unsre Chanson zeigt diese Scheidung, sowohl bei männlichem wie bei weiblichem Versausgange. Reine männliche Laissen sind: 42. 21. 130. 4, 338. 28, 346. 3, 369. 35, 398. 24, 402. 7 (auf *an*); 12. 28. 117. 8, 350. 11, 422. 10, 457. 15 (auf *en*). Reine weibliche Laissen sind 364. 37, 379. 9, 381. 22. 407. 21, 443. 33 (auf *an* .. *e*); 355. 1, 358. 33, 373. 33, 374. 27, 389. 34, 400. 27, 401. 32 (auf *en* .... *e*). — Alle diese Laissen stehen in I und IV, die weiblichen nur in IV; III hat keine einzige Laisse auf *a* od. *e* + *Nasal*. —

Vermischung von *an* und *en*.

A) Unentschiedene Vermischung („rimes communes" bei P. Meyer: „An et En Toniques, im I. Bd. der Mémoires de la Société de Linguistique, Paris 1868", vgl. Suchier, Reimpredigt S. 69 ff.) d. h. dieselben Wörter in Laissen auf *an* und *en*, zeigt unsre Chanson in folgenden Fällen: Theil I *dolant* (*a*) 3. 14. 31, 22. 22. 30, 36. 3 u. s. w. *dolent* (*e*) 117. 25. 34, 118. 16. *talent* (*a*) 2. 28, 3. 11, 18. 38 u. s. w. *talent* (*e*) 13. 8, 16. 9, 45. 32 u. s. w. *esciant* (*a*) 78. 21, 92. 26. *escient* (*e*) 13. 2, 15. 36, 117. 24. *joient* (*e*) 16. 2: *esforcement*, *vaillent* (*e*) 45. 5: *gent*. II zeigt *esciant* 155. 12, *Orient* (a) 155. 25, *noiant* (*a*) 155. 30, *talant* (*a*) 155. 31, *dolant* (*a*) 155. 38. III hat überhaupt keine Laisse auf *a* od. *e* + *Nasal*. IV zeigt *talant* (*a*) 338. 34, 369. 38, 402. 16 u. s. w., *talent* (*e*) 350. 15, 457. 29, 333. 10 u. s. w., *dolant* (*a*) 346. 16. 369. 36, 381. 28, 424. 31, *dolent* (*e*) 442. 34, *tanz* (*a*) 345. 27, *Orient* (*a*) 424. 30, *Orient* (*e*) 435. 33, 436. 2,

noiant (a) 424. 34, *noient* (e) 333. 7, 343. 11, 442. 35,
vivant (e) 333. 9 : *maltalent* 442. 32 : *saintement, aparissant*
(e) 435. 35 : *malement.*

B) In Laissen in überwiegenden a finden sich einige e.
Theil I. *tenement* 3. 23, *commandement* 3. 3, 37. 12, *atar-
gement* 3. 4. 26, 46. 33, *delaiement* 3. 25, 19. 5, *chasse-
ment* 3. 27, 37. 22, *detriement* 3. 29, *cent* 3. 21. 30, 18.
31, 22. 31, *gent* 3. 12, 37. 19, *tensement* 19. 25, *pavement*
19. 27, *argent* 32. 13, 92. 24, *torment* 32. 30, *dementement*
36. 32, *loement* 36. 35, *senefiement* 37. 6, *jovent* 46. 34,
lent 35. 31. Ferner *ensement* 2. 32, 66. 1, *prochaine-
ment* 2. 35, *vilainement* 3. 5, *durement* 19. 9. *isnellement*
22. 27, 23. 21, *forment* 23. 9, 36. 22. *hautement* 32. 25,
37. 10. 29, *malement* 36. 38, *belement* 46. 36, *errament*
91. 7, *aïreement* 92. 17, *voirement* 92, 27. Ferner noch
resplant (resplendet) 3. 10: *tant, talant, Belleant* (Beth-
lehem) 92. 38: *seant.*
Theil II. *parant* (parens): *amirant* 155. 29. Vgl. Reimpredigt
S. 70; *hardiement* 155. 23 : *Rollant; rent* (reddit) 155. 11:
menaćant, esciant.
Theil IV. *torment* 342. 36, *vent* 342. 37, *Vincent* 345. 23,
commandement 419. 3, *gant* 413. 29, *avesprement* 424. 32.
serement 437. 10. Ferner *vilment* 345. 25, *saintement*
419. 9, *isnelement* 452. 3; *consent* (consentit) 419. 12 : *branc*
424. 36: *maintenant.*

C) In Laissen in überwiegenden e finden sich einige a.
Theil I. *semblant* 45. 19, *ferrant* 45. 26, *pendant* 45. 28,
verdoiant 45. 29, *seant* 110. 36, *riant* 111. 7, *broćant* 118.
20. Ferner *cravent*[1]) 45. 12, *commant* (Befehl) 118. 17,
besant (Byzantius) 15. 32, *gant* (Handschuh) 16. 10.
Theil IV *maintenant* 333. 13, 387. 35, 443. 3, *semblant*
343. 9, *plorant* 354. 15. 18, *colchant* 387. 34, *verdoians*
426. 34, *riant* 435. 25, *luisant* 442. 36, *tant* (tantum) 354,
17, *avance* 370. 33, *escandle* 440. 28, *plaisance* 370. 37.

---

[1]) So auch in Norm. Dichtungen, z. B. in der Chronik des Jordan
Fantosme. V. 1780.

3) *a* in der Endung *aigne* reimt mit nasalem *a*; Laisse
142. 1 ff. bindet *Karlesmaine, remaigne*: *ensAMblE, FlANdrE*:
Maine, Romaine, compaigne u. s. w. Die Worte mit nasalem
a erscheinen gruppirt. —

a in der Endung *aint (aindre)* reimt mit *eint (eindre)*:
352. 15. 19. 23 *plaint, saint*: *estrEINT, tEINT*; 335. 24. 25.
31 *graindre, plaindre*: *atEINDRE, fEINDRE* u. s. w.

Laisse 367. 33 ff. und 414. 3 ff. binden nur *aigne: eigne*.
Für *entraille*: *castAIGNE* 414. 13 ist *entraigne* (s. Littré en-
trailles) zu lesen. — Laisse 429. 31 ff. hat nur einmal *-aine*,
sonst *-aigne* resp. *-eigne*. — Zu Engelmann a. a. O. § 5 a
tragen wir nach, dass allerdings in unsrer Chanson *prent*:
destrAINT 352. 12 vorkommt, halten *prent* aber für unecht
(die Handschrift M hat ataint: destraint).

§ 8. e.

1. *e¹*, *e²*, *e³* sind von einander geschieden, ausser in *ostel*:
dansEL 443. 26. — *e²* findet sich nur in IV (vgl. das
Verzeichniss der Assonanzvocale). —
338. 25 bindet *tristECE*: *menace*, was wohl verdorben ist.

2. *e³* neben *ié* zeigen *iré* 1. 24. 33. 33, 47. 27 u. s. w.,
irer 271. 24, *airé* 4. 3, 79. 27, 97. 8 u. s. w., *airer* 296.
37, *iriés* 8. 8. 13, 51. 17 u. s. w., *irier* 13. 22, 20. 10.
31, *airié* 209. 23, 212. 11, 429. 8, *airier* 14. 7, *pité* 33.
29, 86. 21 u. s. w., *pitié* 360. 13, 428. 37 u. s. w., S.
88. 1 hat *piétés*: *aves*; *aproismer* 53. 33, 56. 30, *aprois-*
mier 105. 23, *amisté* 97. 6, 112. 14, *amistié* 120. 28,
139. 33, 170. 35; *respités* 153. 16, *respitiés* 360. 14;
aider 303. 18, 199. 24, *aider* 317. 10, 394. 11, *aidier*
351. 25, 357. 35, 401. 10 u. s. w., *araisnié* 208. 10,
393. 10, *aresné* 168. 36 (*ad + rationem + are).

3. *ie* ist mit *e³* gebunden in *parlER*: *enuier* 63. 25, *ver-*
gonder: *justicIER* 140. 27 (lies vergognier); 144. 22
deniers: *asasEE* ist zu ändern in *denrees*: *asasee*. Ver-
dorben ist ferner 432. 38 *pree*: *mIERE*: *levrERE*; zu
ändern in *perriere*. —

§ 9. i.

1. *i* + *Nasal* ist mit *i* + *oral. Consonanten* gebunden nur in *Richardins*: prIS 51. 7, *roncins:* prIS 8. 20, 50. 35; *tint: cordeÏS* 159. 1, *aclin* und *vint* 159. 18. 19: *anemI*, *vint*: *mIS* 159. 32, *matin*: *MaugIS* 214. 19, *pelerin*: *naskI* 214. 37. *cosins* und *Torpins* 215. 24. 25: *florI*, *cousins:* fIS 216. 27: *maudIS* 263. 31. *Torpin*: *dIT* 263. 16, *acerin*: *fIS* 216. 20, *Sarrasins*: *morIR* 263. 28, *Rin*: *tenIR* 264. 17, *barbarins*, *Valentin*, *chemin* 264. 19. 20. 21: *vestI*, *petIT*, ferner *vindrent*: *mainIE* 143. 14, *quinze*: *quISTRENT* 143. 21. — Im Ganzen 22 Fälle; davon hat I nur 3 (8. 20, 50. 35, 51. 7), von welchen 2 (*roncins*: *prIS* 8. 20, 50. 35) sich durch *roncis* (: *enfouis* 135. 14) beseitigen lassen. — Theil II—III hat die übrigen 19 Beispiele, einige derselben sind innerhalb der Laissen gruppirt, vgl. 159. 18. 19, 215. 24. 25, 264. 19. 20. 21. Theil IV hat keine Vermischung von *i* + *Nasal* mit *i* + *oral. Cons.*; dagegen finden sich reine Laissen auf *i* + *Nasal*, so auf -*in* die Laisse 376. 6 und 405. 14 mit Ausnahme des letzten Verses, (vgl. Engelmann a. a. O. S. 32. 23), ausserdem die weiblichen auf -*ine* 346. 19, 400. 5, 406. 35, welche letztere von den vorhergehenden Versen auf -*isse* zu trennen ist. — Eine Scheidung beider Lautverbindungen wird also wohl gemacht; es werden sogar — und das spricht für mehr als nur einen Versuch — in den verschiedenen Endungen der oralen Consonanten reine Laissen gebildet, so in I -*ir* (18. 3 ff.), -*is* (8. 14, 44. 30, 50. 26 u. a), besonders aber in IV -*ir* (360. 38, 390. 32, 396. 36), -*it* (383. 24) -*ist* (361. 31, 391. 37), -*ire* (334. 36, 355. 34, 368. 29 u. a), -*ite* (379. 32), -*ise* (370. 19, 439. 24); von 382. 28 ab folgen 4 Laissen in diesen Endungen unmittelbar aufeinander: -*ire*, -*i*, -*it* -*ie* —

Verdorben ist 447. 9 *martire*: *denrEE*

2. *i* statt *ei* aus lat. ē in freier Silbe: *mi* 158. 27, 358. 5, 364. 33, 383. 6. 11, 395. 3, 442. 27, 446. 20; *ti* 446. 22, *veïr* 361. 14, 391. 13, 397. 2, 453. 25. 27; *tenir* 158. 31,

159. 11, 264. 18. 38 etc. (13 mal). Theil I bietet dafür kein Beispiel.

3. c + *i* ist in *i* übergegangen: *eslis* 82. 1, 216. 7, 365. 28, *pris* 135. 7, 136. 3, 437. 36, 438. 9. 13; *pri* 158. 32, 342. 21, 383. 7 etc. *lit* 383. 32, *pis* 371. 22, 214. 29, 217. 5, *delit* 383. 27, *despit* 383. 34, *respit* 383. 35, 392. 5, *parfite* 379. 37, 383. 30.

4. Im Präsens zeigen einige stammbetonte Formen von Verben auf -*oier* durch Uebertragung aus den endungsbetonten Formen *i* statt *ei*: *lermie* 162. 4, *contralie* 384. 10, *guerrie* 396. 27, *gramie* 430. 6, *reflambie* 430. 14, *otrie* 427. 37, *otri* 446. 19, 28. 15, 216. 17, 383. 21, *balie* 30. 29, 430. 12.

5. Die Endung *iee* ist in *ie* verwandelt, z. B. *detranchie* 22. 6, *rengie* 29. 33, *essilie* 30. 19, *enforcie* 30. 33, *bruie* 30. 12, *mainie* 41. 26, 143. 10. 15, 384. 7 und öfter, *asegie* 344. 21, *laicie* 344. 25, *damagie* 344. 26, *nuncie* 397. 30, *drecie* 403. 25, *baissie* 428. 3 etc.

Ueber *i*: *ui* vgl. § 10.

b) Diphthonge.

§ 10. ui und ue.

1. *ui* ist nicht streng von *i* geschieden. Es finden sich *anui*: *eneml* 349. 27, *li* (statt *lui*): *mercl* 38. 17,: *esbahlS* 158. 38,: *conqulS* 215. 15,: *aml* 334. 18,: *arabl* 367. 29. 30,: *nelui*: *hui* u. s. w.

Laisse 439. 24 bindet *puisse, anguisse, cuisse, truisse: mallSSE, debrISE, prISE*.

Eigenthümlich ist die Reimung in der Laisse 397. 29.

Hier reimen die Worte: *annuie, nuncie, apuie, aïe, ennuie, pluie, mue.* Vgl. Haase, Untersuchung über die Reime in der Image du Monde, Halle 1879. S. 5.

2. *ue* aus lat. o in freier Silbe bildet eine Laisse für sich 360. 4 ff *muet: puet, estuet: apluet*, vgl. ferner 366. 36 ff *duel: vel: lencuel: despuel: chevrel: [cembel]: Montresvel: uel*.

§ 11. oi.

Laissen mit unvermischtem *o'i* bietet die Chanson nur eine einzige 454. 10 ff.

oi (o + i) ist in allen andern Fällen mit *oi* (lat. e. i) gebunden. Laisse 454. 21 (6 Verse) hat 2 *oi* aus *ei*: *oirre* und [*croire*]. Ferner *o¹i, dois* (ductio): *frois* 60. [31, *crois*: *troverois* 164. 5: *soir* (serus) 164. 25; *memoire: aperćoivre* 357. 17, *estoire: boivre* 357. 10, *glore* 357. 19; *o²i, anois*: *Estampois: Orlenois* (Aurelianensis) 61. 12, *anoi: roi* 441. 2,: *foi* 362. 12; *anoie, oie* (audiat): *avoie* 353. 12. 13; *joie: proie* 353. 27,' 355. 31; *poi* (paucum): *rois* 262. 10. Vgl. ferner 366. 28 *(joie)*, 366. 32 *(bloie)*, *bloi* 408. 24, 428. 18, 436. 31 u. s. w. Vers 94. 34 *Li dus dist a ses fils*: „*Faites vostre voloir*" inmitten zweier Laissen auf *-e³* (*-er* und *-és*) ist der letzteren zuzuweisen und zu ändern in *Li dus dist a ses fils*: „*Faites vos volentés.*"

§ 12. ai.

1. *ai* ist nur mit sich selbst gebunden in folgenden Laissen: 18. 21, 354. 27, 359. 28, 360. 27, 375. 13, 377. 30. 381. 14, 382. 3, 396. 28, 407. 29, 408. 2, 446. 8. Der Schreiber schreibt einigemal *c*: 354. 36, 360. 34. 407. 36. — Diese Laissen stehen nur in I und IV.

2. *ai* ist mit *a* gebunden; in männlichen Laissen nur vor oralen Consonanten *mais*: *mAS* 17, 36; *Bertolai. sai. Ais.* (neben einander gruppirt): *apelA, jA, chevAL* 164. 31 ff: *fais* 403. 33: *hernAS, eschapAS*. Sehr spärliche Beispiele. In weiblicher Laisse sind *a* und *ai* einmal gebunden vor oralen Consonanten, *largue*: *trAIRE* 447. 14.

3. *ai* ist mit offnem *e* gebunden in folgenden Fällen (der Schreiber schreibt oft *e* für *ai*): *festes* (facitis): *geste* 242. 6, *forfaire: terre* 242. 21, *mesfés: Richardet* 276. 18. *relés*: *relais: après* 336. 21 ff. *pes: adés* 336. 30. 354. 2. 369. 25. *eslais: irés: travers* 369. 21 ff. *palais: engrés* 384. 19. *eslesse: cesse* 397. 28, *es: pais: ciprés* 407. 17; *fornaise: cierge*: 365. 36. — Diese Bindung kommt besonders in IV, in I gar nicht vor. —

Lat. *e* wird mit lat *a* gebunden vor *n* und *mouill. n*. *plains* (plenus): *germAIN* (germanus) 419. 36; *Rains* (Remi): *mAINS* (manus) 420. 2. Ferner *ceigne, regne*:

BretAIGNE, remAIGNE; 142. 3. 18; *regne, pene
engaigne* (ingenium), *ensegne: gaAIGNE, montAIGNE*
342. 7 ff, *angeignes, taigne* (tinea), *deigne: ovrAIGNE,
castAGNE* 368. 1 ff; *enseigne: engrAIGNE* 414. 5.

§ 13. ie.

Es findet sich keine Laisse auf *ie* + Nasal. Vgl. Engel-
mann a. a. O. S. 54. — Mit *ie* + *oral. Consonanten* sind
gebunden *tient: cIEL* 139. 37; *sien: grailoIER* 167. 15,
vient: plenIER 167. 22. — Diese einzigen Beispiele stehen
nur in II.

§ 14. Tonloses e.

Inlautendes tonloses *e* vor betontem Vocal behält im All-
gemeinen seinen Silbenwerth (vgl. Tobler, Versbau II. Aufl.
S. 43 ff). Es ist verstummt in *eu* 401. 15 (in demselben
Verse steht *eüe), bu* 404. 27, *reċut* 109. 27, *conut* 88. 32,
89. 4, 456. 3, *reconus* 125. 14, 250. 9, 379. 36; *vestu* 383.
25, 398. 5. 32, 414. 14, 425. 1. 19, 442. 1, 443. 30, *vesture*
403. 11, *just* (part) 245. 21, *beneiċon* 53. 19 u. s. w. *gaigneron*
(statt *gaaigneron*) 447. 8. Vers 346. 32 ist *feüsse* in *fusse*,
432. 17 *seüt* in *seut* zu ändern. —

Vom Nomen.

I. Declination.

§ 15.

Die Declination der Feminina betreffend unterscheidet
die Chanson *suer* und *seror*; *suer* ist nom. 106. 33, 165. 38
und öfter; voc. 113. 31, acc. *seror* 111. 38, 113. 5 u. s. w.
Ausnahme: 170. 8 *suer* als acc. in der Apposition, vgl. § 17.

Oxytone Feminina erscheinen im nom. sing. bald mit,
bald ohne *s*. Es stehen in rein gereimten Laissen *cités: nés*
26. 15, *verités: armés* 26. 18: *montés* 76. 2: *alés* 81. 6,
ferner 81. 32, 85. 22, 95. 2, 96. 38, 100. 4. 19, 122. 13,
174. 2: *retornés, desloiautés: loés* 26. 23, *volentés* 27. 1,
foletés 74. 7, *piëtés* 81. 16, 86. 21, 167. 21, 208. 9, *foibletés*
81. 24, *plantés* 85. 9. 25, 86. 16, 94. 35, *chiertés* 86. 17,

povretés 95. 38, *fermetés* 157. 25, *vités* (vilitas) 229. 5, *bontés* 233. 38. (In dem assonirenden Theil II—III erscheinen diese Beispiele zum Theil in längeren Gruppen mit andern Wörtern auf *s* inmitten von Laissen auf *é* (*er*) vgl. 157. 25, 229. 5, 233. 38). —

Dieses *s* ist noch nicht vorhanden in *verité*: *avoé*: *conté* 53. 9. 10, *flour*: *sauveour* 410. 37, *tor*: *valor* 111. 20, *moiller*: *fier* 13. 15, *foi*: *deloi* 5. 17: *coi* 333. 18: *belloi* 353. 10, *palu*: *descreü* 42. 15. —

Neben *la cité* findet sich die kürzere Form *cit* oder *cist* 45. 33, 89. 26, 100. 36, 156. 8, 265. 32, 416. 23 u. s. w. Die Accusativendung *-ain* findet sich in *Bertain* 266. 12, *antain* 212. 14, *putain* 215. 2 und öfter, *Cortain* 138. 10, 210. 4 und öfter; 37. 11 und 47. 4 steht *Eve*. —

§ 16.

Männliche Nomina auf unbetontes *e* erscheinen im nom. sing. bald mit, bald ohne *s*. —

Dieses flexivische *s* ist noch nicht vorhanden in *emperere* 8. 33, 19. 31, 46. 12. 18, 51. 5, 344. 18 u. s. w. *sire* 51. 28, 115. 37, 140. 29, 152. 17, 175. 23 u. s. w. *maistre* 70. 38, *prestre* 320. 18, *aigle* 299. 17, *pere* 410. 38, 423. 28, 434. 19, *autre* 332. 36. Es stehen im reinen Reime *hermite* 380. 1: *beneïte*, ferner *sire* 356. 1, 382. 31, 398. 23, *pire* 368. 31, 382, 35. —

Dagegen ist das flexivische *s* durch Silbenzahl gesichert in *empereres* 23. 7. 58. 16, 173. 15, 263. 17, 264. 13, *mieldres* 85. 29, 93. 26, *magres* 96. 27, *autres* 125. 35, 177. 14, 421. 29, *pires* 157. 7, *sires* 200. 10, 229. 3, 347. 37, 436. 28. Nur 427. 24 steht *sirs*. — *povres* 277. 6, 411. 38, 456. 24, *vostres* 213. 3, *maistres* 337. 29, 448. 6, *peres* 427. 26, *traïtres* 427. 37.

Abfall des *s* im nom. sing. findet sich 23. 34 *L'offrande fut mult grande, quant Charle i fu alés*; *murdre* 39. 37 *Li plais fu otriés et li murdre est graé*; 297 38. *Par maltalant s'en entre Karlesmaine en son tre;* 349. 19 *Karlles-*

3*

maine en ot X. ki primes sunt basti, 425. 4. *Floberge li
a cainte Karllesmaines au vis fier.* Ferner
139. 38 *Li plus rice empereres qui onques fust soz ciel*
375. 6 *Ci devant a larrons que diable angendra*
391. 17 ff *Ne saves vos piecha qu'an a a cort usé.*

> *Que ribaut ne garçon, se n'est prince o chasé,*
> *Ne doit jugier franc home, qu'il soit ars ne berssé*

ist das *s* in *princes* abgefallen. — Es steht im reinen Reim
auf — *age: sage* 363. 8, 392. 8. 19. 25, 453. 37, *hermitage*
363. 17: *sauvage.* —

§ 17.

Der Vocativ lautet wie der Nominativ: 3. 9, 62. 35,
113, 31, 199. 15, 214. 32, 237. 9, 276. 8, 343. 22 u. s. w.
Ausnahmen: *Cortain* 210. 5. 431. 19; *traïtour* 433. 24
(:*emperour*) u. a. —

Die Apposition steht, wenn auf den casus rectus bezüg-
lich im Nominativ, wenn auf den casus obliquus, im Accusativ.
Ausnahmen: *Maugis* [nomin.] *li bons larrons* 201. 9 (:*entor*);
Richart, le fil Aymon le ber 265. 13 (:*mortel*); *Si le prendra
a force et Aallart le ber* 230. 28 (:*amer*), :*armés* 267. 18
und öfter. Vers 170. 8 *Et encontre sa fame, la suer Yon
le fier.*

§ 18.

Nominativ und Accusativ sind öfters vertauscht, meistens
des Reimes wegen.

Der Nominativ steht statt des Accusativs *fel* 51. 23
(451. 1 ist *fel* nom. pl.), ferner 384. 20, 432. 1; *emperere*
169. 31, 75. 14, 384. 20, 424. 2, 387. 1: *chiere*; *ber: garder*
235. 24, :*loer* 287. 37, :*torner* 151. 5, :*doter* 151. 14 u. a.

Der Accusativ steht statt des Nominativs *felon* 11. 14:
donjon, 16. 36: *Charlon* und öfter; *larron* 16. 37: *chaieignon,*
27. 29: *garison* und öfter; *empereor* 69. 12: *jor,* 341. 36:
demor; *traïtor* 69. 13: *forçor*; *enfant* 92. 25: *argent*; *menor*
186. 24: *baron,* 189. 15: *cevaleros.* 388. 4: *aleor* u. a. durch
die ganze Chanson hindurch. —

§ 19.

Betreffend die Accusativ - Endung einiger Eigennamen
herrscht Schwanken. *Fouque* 62. 1, 178. 38, 200. 14. 31 und
öfter neben *Foucon* 175. 3: *Naime* 316. 16, *Namlon* 255. 27,
Karle 45. 27, 12. 33, *Karlon* 183. 5, *Buef* 180. 5, *Buevon*
42. 38, *Hue* 149 24, *Huon* 63. 13. —
Auch im nom. sing. kommt die Endung *-on* vor. Es
stehen in der Assonanz: *Karlon* 213. 12, 221. 6, 254. 19,
258. 27 etc., *Yon* 48. 12, 220. 5, 401. 30, der nom. heisst
Yu: *seignori* 159. 16 (er steht hier statt des Accusativs)
Namlon 255. 27, *Ydelon* 213. 15, 254. 36. Durch die Silben-
zahl gesichert sind ferner *Grifons* 41. 16, 43. 35, 45. 19,
428. 12. 20 etc, *Guions* 53. 11, *Guenelons* 426. 35, *Doons*
1. 14, 45. 26. — Neben dem viersilbigen *Jherusalem* 405. 6.
27, 408. 31, 410. 17 etc. erfordert die Silbenzahl eine drei-
silbige Form 404. 34, 405. 35, 406. 4, 26 etc. — *Juis* (*Gius*)
ist stets zweisilbig 175. 30, 426. 9. — *Estevene* ist dreisilbig
242. 19, 406. 28 und *Estene* 408. 36, *Esteve* 410. 19. —
Dreisilbiges *Denise* ist durch die Silbenzahl einmal gesichert
138. 20 *Saint Denise de France a par ire juré*; einmal steht
es in der *Assonanz* 370. 27 *Denise: justise.*

II. Motion des Adjectivs.

§ 20.

Gewisse Adjectiva der lateinischen III. Declination haben
schon in den ältesten Texten im Femininum *-e* angenommen.
(Vgl. G. Paris, Alexius 115, Suchier, Reimpredigt XXXII.)
douce 227. 7, 411. 27, *fole* 356. 9, *mole* 356. 16, *cortoise*
13. 13, *doucement* 24. 14, 47. 21, 380. 11, *cortoisement* 13. 9.
14, *dolente* im Reim 358. 36, 381. 28, 400. 28. 38.
Jüngere Femininbildung auf *-e* zeigen: *grande* 21. 21,
23. 34, 24. 19, 142. 15, 390. 26 etc., in der Assonanz 142. 15,
381. 22. Daneben *grant* 49. 24, 89. 35, 220. 26, 396. 24,
in der Assonanz 91. 14. 36, 92. 10, 130. 7, 424. 19 etc. *vert*
21. 12 neben *verde* 12. 29; *forte* 18. 21, 31. 34, 102. 34 etc.,
aber *fort* im Reim 389. 25; *quele* 182. 22, 235. 15, 447. 7,

aber *quel* 99. 37, 334. 34, 409. 37 u. a.; *tele (itele)* 4. 10,
39. 22, 193. 15, 370. 21, 409. 22 etc., *tel* 181. 38, 203. 8,
205. 9 etc., *tranchante* 171. 22, aber *tranchant* (im Reim)
19. 24, 22. 35; ferner im Reim *vaillant* 45. 5, *malveillant*
18. 37, *joiant* 46. 25, aber *loiale* 378. 19, *igale* 378. 17. —
Das feminine *-e* findet sich sowohl, wenn das Adjectiv Attribut,
als auch, wenn es Prädicat ist (G. Paris a. a. O. 115) vgl.
grande 21. 21, 24. 19. 52. 35 etc. und 23. 34, 129. 1,
173. 20 etc., *forte* 186. 19, 188. 23 und 18. 21, 31. 34,
32. 36. —

III. Das Pronomen.

§ 21.
Personale.

jou, jo, je, ge findet sich häufiger in der vollen als in
der gekürzten Form. — Die volle Form steht: *jou* 2. 5. 15,
10. 7, 58. 3, 112. 19 etc., *jo* 55. 24, 96. 31, 115. 36 etc.
je 5. 4, 7. 17, 32. 11, 53. 17 etc., *ge* 221. 29, etc.

Die gekürzte Form steht:
j' 166. 14, 398. 13, 407. 33; *g'* 169. 33, 171. 19, 172. 12,
228. 2 etc., *jou* steht nur einmal in der Assonanz 247. 4:
baron. Das Pron. absol. der 1. und 2. Person heisst *moi*
und *toi* neben *mi* und *ti*. Es stehen in der Assonanz: *moi*
5. 2. 14. 22, 256. 33 etc., (25 mal), *toi* 257. 1. 5; *mi* 158. 27,
358. 5, 364. 33, 383. 6. 11 (8 mal), *ti* 446. 22. Das Prono-
men der 3. Person *soi* steht in der Assonanz 5. 1, 163. 16,
257. 14, 261. 30, 333. 26 (13 mal). —

Der Accusativ des absolut. Pronom. (neufrz. lui) lautet
li (Diez, Gramm. II. 106) und steht in der Assonanz nur zu *i*,
nie zu *u*: 38. 17, 158. 38, 215. 15, 334. 18, 349. 18, 364. 32,
367. 29. 30 etc. In allen diesen Fällen ist *li* masc. —

§ 22.
Demonstrativum.

1. Der Artikel.

Der männliche Artikel *li* des nom. sing. ist zur Hälfte
aller Fälle verkürzt.

li emperere (s) 6. 36, 44. 13, 60. 3, 148. 29, 215. 11, 421. 9 etc.
l'emperere (s) 1. 16. 19. 25, 5. 30, 16. 2, 21. 16 etc.
li uns 13. 9, 39. 6, 160. 36 etc. *l'uns* 41. 30, 42. 14. 35, 67. 16 etc.
li autre 332. 36, 377. 21, 389. 19, *l'autre* (s) 421. 29, 422.
    8. 37, 211. 28,
li amiraus 411. 6, 413, 28. 33 etc., *l'amiraus* 408. 30, 409. 1,
    410. 31,
li ouvriers 449. 11, 452. 22, *l'ouvriers* 450. 33,
li arceveskes 451. 37, *l'arceveskes* 23. 32, 143. 14, 147. 25 etc.
li aisnés 195. 23, *l'ainés* 87. 28, 99. 32, 150. 30 etc.
li adurés 431. 24, *l'adurés* 3. 37, 24. 16, 35. 2, 150. 23, 345. 3,
li aciers 371. 13, *l'aciers* 34. 26,
li avoirs 123. 32, *l'avoirs* 125. 7, 436. 9.

Die gekürzte Form steht ferner: *l'onore* 34. 17, 52. 24,
l'ermite 362. 33, 364. 11, *l'agaist* 40. 35, *l'escus* 41. 20, 76. 9,
l'auberc 76. 10, *l'alosés* 89. 36, *l'ordené* 151. 9, 317. 23. 31,
318. 17 etc., *l'esvesques* 276. 19. 22. *l'Ardenois* 393. 24,
395. 12, *l'aigle* 299. 17. —

Der Artikel hat Silbenwerth: *li estors* 34. 32, 60. 22,
82. 24 etc. *li asaus* 71. 26, 322. 15, *li orés* 85. 14, *li ivers*
87. 2. 4, *li uis* 89. 30, *li estés* 49. 25, 68. 6, 88. 5, *li esciés*
107. 6, *li ostes* 128. 1. 11. 14. 23. 300. 15, *li auferrans*
171. 36, *li enfes* 189. 38, *li afaires* 216. 2, *li irois* 261. 34,
li apostoles 266. 21. —

Die Kürzung des acc. *le* hinter der Präposition *a* ist
unterblieben in *a le matin* 26. 29, *desi a le matin* 214. 19,
(vgl. Tobler, Versbau II. Aufl. S. 31 Anm. 2) —

ost ist fem. 58. 15, etc., bestimmter nach 144. 23 und
410. 23, wo ein auf *ost* bezügliches particip. *-ee* in der
Assonanz steht. *-ost* ist masc. 326. 4 (-é in der Assonanz).

2. cist.

Der Accusativ Plur. fem. lautet *cestes* in dem Ausdruck
a icestes paroles 89. 1, 96. 33, 97. 15, 100. 38, 104. 11, 106.
22, 133. 3, 298. 4 —

Das Neutrum lautet *ce*, *co ćou* mit den Nebenformen
ice 343. 6, *ićo* 407. 35, *ićou* 438. 32. — Es hat vor *est* öfter

Silbenwerth, als dass es gekürzt ist; *ce est* (*ćo, ćou*) steht
2. 13, 61. 7, 81. 6, 95. 2, 97. 24, 100. 19, 113. 4, 231. 34,
245. 1, 261. 19, 326. 15, 385. 26, 396. 3. 5, 455. 11 etc.;
c'est 333. 12, 308. 34, 273. 8. Vor *ert* (*iert*) ist *ćo* verkürzt
in 343. 16; öfter aber hat es Silbenwerth: 142. 9, 146. 36,
163. 19, 182. 2 etc. — *ćou a dit* 141. 30, *ce a dit* 335. 34,
336. 24, 341. 3. 6 etc.

§ 23.
Possessivum.

nostre (no) und *vostre (no)* vor consonantischem Anlaut
vertheilt sich auf die verschiedenen Abschnitte der Chanson
(I, II, III, IV) wie folgt. (m = männlich, w = weiblich).

Unbetonte Form:

Sing. nom. *nostre* (m) o+o+7+o — 7, (180. 2. 2, 182. 5,
185. 6, 202. 30, 222. 22, 328. 21.)

(w) 1+o+1+o — 2, (72. 15; 179. 16.)

no (m) 1+o+o+3 = 4, (36. 34; 372. 22,
378. 35, 432. 30.)

(w) 2+o+1+o = 3, (61. 32, 106. 35;
225. 21.)

vostre (m) 6+1+6+3 = 16, (13. 17. 14. 2, 22.
5, 51. 29, 95. 33, 116. 36; 170. 17;
191. 32, 213. 2, 215. 19, 217. 2, 281.
20, 297. 13; 362. 33. 434. 12, 438. 22.)

(w) 2+o+3+1 = 6, (22. 6, 116. 36; 182.
38. 191. 32, 193. 4; 402. 5.)

vo (m) 2+2+4+3 — 11, (37. 21, 125. 34;
140. 23, 171. 15; 193. 3, 249. 9, 265.
30, 312. 13; 349. 13, 376. 22. 384. 38.)

(w) 1+1+1+0 — 3. (27. 30; 162. 9; 275. 37.)

Sing. acc. *nostre* (m) 2+0+7+8 = 17, (66. 18. 79. 32;
191. 7. 198. 34, 203. 25, 210. 34, 285.
11, 300. 23, 309. 22; 333. 9, 341. 21.
354. 34, 408. 11, [410. 26], 413. 21,
414. 26, 441. 1. 2.)

(w) 2+0+3+2 =: 7. (87. 35, 95. 7; 181.
7, 315. 2, 316. 29; 410. 34, 457. 19.)

no (m) 3+0+6+6 = 15, (11. 2, 67. 35, 89.
35; 271. 22, 279. 18, 313. 16, 322. 25,
326. 16. 28; 336. 12. 17. 350. 15, 354.
24, 444. 25, 449. 32.)

(w) 1+1+7+2 = 11 (11. 4; 141. 17; 183.
33, 194. 32, 195. 35, 226. 3, 237. 30
30, 292. 14, 346. 34. 369. 18.)

vostre (m) 35+9+21+12 = 77. (3. 11. 27. 34. 10.
31, 22. 29 u. s. w.; 141. 9, 145. 20, 146.
19 u. s. w.; 177. 37, 197. 5, 199. 6,
202. 31, 211. 8 u. s. w. 334. 14, 338.
36, 351. 8. 17, 373. 13 u. s. w.)

(w) 23+9+24+11 – 67, (6. 27, 10. 2, 25.
20. 23, 36. 1 u. s. w.; 145. 11, 146. 6,
147. 11 u. s. w.; 199. 15, 201. 36, 210.
12, 213. 23 u. s. w.; 338. 6, 346. 31,
369. 12, 379. 18 u. s. w.)

vo (m) 20+7+29+13 = 69, (4. 23, 13. 28.
27. 33, 28. 30 u. s. w.; 140. 27, 147.
14, 159. 27, 164. 7, 165. 17, 171. 11.
35; 175. 17, 193. 26, 194. 13. 14
u. s. w. 339. 12, 342. 15. 35, 373. 12,
398. 33 u. s. w.)

(w) 11+8+38+8 = 60, (3. 27. 9. 31. 11.
27. 38. 30. 56. 19 u. s. w.; 140. 8,
147. 14, 150. 34, 157. 15. 158. 2
u. s. w.; 182. 30, 194. 24, 198. 36,
199. 8, 207. 7 u. s. w., 337. 32, 353.
28, 375. 28, 379. 15, 385. 21, 419.
16. 436. 17, 448. 25.)

Plur. nom. *nostre* (m) 3+0+0+0 = 3 (78. 3, 88. 36, 121. 9.)

no (m) 3+1+0+1 – 5. (19. 12. 121. 14, 122.
25; 150. 19; 404. 19.)

vostre (m) 2+0+0+1 = 3, (68. 29. 100. 23,
398. 34.)

vo (m) 4+2+4+2 = 12, (2. 24, 84. 10, 119.
15. 15; 164. 3, 171. 12; 207. 31, 247.
29, 257. 26, 330. 9; 414. 11, 442. 23.)

Plur. acc. *nos* (m) 3+5+8+4 = 20, (49. 31, 61. 3, 76.
24; 137. 24, 150. 14, 170. 22. 34, 172.
17; 240. 23, 258. 31, 300. 24, 311.
12, 314. 20, 315. 26, 321. 36, 322. 4;
339. 16, 440. 29, 449. 27, 456. 32.)

(w) 3+2+3+1 = 9, (38. 34, 65. 29, 89.
35; 159. 6, 170. 22; 218. 20, 237.
21, 255. 3; 411. 36.)

vos (m) 8+7+7+7 = 29, (4. 13, 25. 33. 33,
57. 21, 131. 12, 135. 17. 18. 18; 140.
9. 9, 169. 1. 26, 172. 23. 23. 24; 233.
1, 234. 29, 236. 6, 268. 11, 275. 29,
296. 36, 297. 21; 340. 36, 397. 22, 398.
31, 419, 15. 16, 442. 18. 18.)

(w) 7+5+7+3 = 22, (2. 26, 4. 13, 13.
38, 14. 1, 56. 11, 117. 4, 122. 31; 138.
24, 159. 28, 169. 16. 16. 26; 218. 27,
240. 21, 288. 33. 33, 296. 36, 297. 21,
305. 38, 393. 26, 398. 31, 412. 30.)

Betonte Form.

Sing. nom. *nostre* und *nos* kommen nicht vor.
vostre (m) 0+0+2+0 = 2, (205. 7, 229. 1.)
vos (m) 0+0+1+0 = 1, (330. 16.)
Sing. acc. *nostre* (w) 1+0+0+0 = 1, (89. 33.)
vostre (m) 1+0+0+3 = 4, (37. 17; 359. 15, 375.
17, 383. 10.)
(w) 2+0+1+3 = 6, (3. 12, 24. 5; 307.
31; 337. 34, 339. 12, 420. 23.)
Plur. nom. *nostre* (m) 0+0+0+1 = 1, (437. 1.)
Plur. acc. *vos* (m) 0+0+2+1 = 3, (270. 24, 314. 35;
418. 2.

Hieraus ergiebt sich für diejenigen Casus, in welchen
beide Formen, die volle wie die gekürzte, neben einander vor-

kommen können (also nicht im plur. fem. und im acc. pl. masc.) folgendes Verhältniss beider Formen zu einander in den vier Theilen der Chanson:

	Gekürzte Form.			Volle Form.				
I (m)	33	:	49	oder	= 10 : 15,
(w)	15	:	31	„	= 10 : 21,
II (m)	12	:	10	„	= 10 : 8,
(w)	10	:	9	„	= 10 : 9,
III (m)	44	:	43	„	— 10 : 10,
(w)	42	:	32	„	= 10 : 8,
IV (m)	28	:	28	„	= 10 : 10,
(w)	10	:	17	„	= 10 : 17.

d. h. II und III haben fast genau so viel gekürzte wie volle Formen, und zwar für beide Geschlechter, zum Unterschiede von I und IV, in welchen (besonders in I) hauptsächlich die weibliche volle Form überwiegt. —

Die betonte Form *tien, sien*, nach dem Muster von *mien* gebildet, welche der Schreiber nicht selten gebraucht (vgl. 8. 38, 9. 6. 29. 8, 80. 30, 83. 9 u. s. w.) steht einmal in der Assonanz 167. 15 *sien: grailoier*. —

§ 24.
Relativum.

Qui (ki) steht substantivisch vor Vocal ohne Elision des *i*: 175. 13. 27, 185. 6, 190. 17, 193. 10, 446. 13 u. s. w. Aphärese des folgenden Vocals liegt vor besonders vor *est*: 6. 30, 30. 30, 38. 19, 44. 30, 150. 2, 152. 7, 265. 31, 286. 21, 423. 31, 440. 34, 445. 20. — Vielleicht auf Verschleifung zurückzuführen sind Fälle wie *k'ist* 42. 1, *qu'iluec* 134. 8, *qu'issent* 150. 4, *k'ensi* 455. 11. Vgl. Tobler, Versbau II. Aufl. 55, Mall, Comp. 32 ff., G. Paris, Alexius S. 132. —

Vom Verbum.
§ 25.
Personalflexion.

1. Die 1. Pers. Plur. hat gewöhnlich die Endung *-ons*, ausser im Perfectum und Condicionale. — Nicht selten jedoch steht

die vollere Form: *avromes* 61. 26, 397. 15, 449. 29, *por-suivronmes* 70. 1, *seromes* 75. 29, *soiomes* 93. 33, *acordo-mes* 107. 32, *alomes* 126. 18, *diromes* 139. 23, *savomes* 158. 22, *avomes* 172. 9, *faisomes* 336. 38, *verromes* 394. 26, *perdomes* 394. 38, *istromes* 397. 35, *veomes* 405. 10 u. a. in allen Theilen der Chanson.

Ueber diese Endung im Imperf. vgl. § 27.

2. Die 2. Plur. lautet im Subjunctiv Praes. und im Futurum *-ois* neb. *-és* resp. *-iés* in folgenden Fällen: In *oi*-Laissen stehen die Subjunctive *rendois* 163. 30 und *issoiz* 347. 25, die Futura *cuiderois* 163. 25, *irois* 163. 26, *menrois* 163. 27, *embuncherois* 163. 28, *troverois* 163. 29, 164. 6, *fain-drois* 164. 7, *ferois* 164. 8, *venroiz* 412. 30, *aiderois* 412. 31, *faudrois* 412. 32; *comendois* 262. 14 : *retenoir* : *ferois* 262. 7.

§ 26.
Praesens.

1. Die 1. Pers. Praes. Ind. hat gewöhnlich noch kein *e*: *co-mant* 2. 34, *salu* 6. 35, *aim* 61. 7, *demant* 155. 4, *os* 178, 6, *proi* 262. 8, *claim* 340. 37, *pri* 376. 1, *conjur* 379. 16, *pens* 428. 23, *cuit* 455. 18 u. a.

Ausnahmen: *nome* 143, 17; *pric* 403. 20: *mie, devine* 347. 1: *discipline*: 396. 25 [*blasme mie*] L hat *de folie*.

2. Das *e* der 3. Sing. ist vor vocalisch anlautenden Wörtern ohne Silbenwerth. *parole* 13. 9. 14, 67. 15, *envoie* 26. 1, 161. 34, *aime* 28. 19, 139. 28, *escrie* 34. 36, 82. 11. 26, *commence* 90. 37, 93. 37, 94. 25, 133 10 u. s. w. *enmaine* 91. 30, 275. 12, *chace* 94. 15, *pleure* 95. 8, *done* 50. 34, 96. 11, 165. 19, *doute* 56. 36, *menace* 66. 27, *enconduie* 97. 33, *entre* 105. 18, 159. 20, *samble* 115. 16, *monte* 127. 16, 199. 18, 276. 28, 278. 9, *resamble* 129. 3, *lie* 189. 25, *vole* 200. 23, *enporte* 206. 37, *sache* 233. 36, 257. 21. *trenge* 239. 29, *fiere* 239. 30. *apele* 240. 5. 270. 19, 324. 31, *cuide* 268. 3, *maine* 270. 10, 273. 14. *retorne* 283. 31, *osse* 284. 2, *trebuche* 285. 35, *weille* 291. 19, 308. 13, *doive* 304, 19. *regarde* 307. 32, *crie* 323. 13, *mande* 328. 26, *jue* 373. 24, *cloigne* 386. 11, *leve* 387. 8, *mangue* 444. 35. —

Vers 145. 35 *Cil lor trueve assez et or fin et mangon*
ist zu ändern in *Icil lor trueve assez* u. s. w.
Das *e* hat Silbenwerth 424. 9 *Ce sache icil sires qui en
croiz fu dreciéz* und Vers 112. 37 *Le castiel et les gens tienge
en grant bonté.* Für den Fall der Inversion ist das *e* der 3.
Sing. nicht elidirt in 119. 34 *apele | on.* 301. 12, *osse | il*,
375. 27 *samble | il*; in Vers 229. 28 ist der Hiatus vermieden:
Commence l'on tel chosse u. s. w. — Vgl. Suchier, Reimpredigt
XXXIX. Anm. und Tobler. Versbau II. Aufl. S. 61.

§ 27.
Imperfectum und Condicionale.

1. Die 1. und 2. Plur. Imp. Ind. zeigen zweisilbige Endungen
-ions (iëns), -iё's. In der Assonanz stehen *entr'amion: con-
fanon* 180. 1,: *baron* 192. 4,: *bolon* 247. 32; *estion; preu-
dom* 206. 12, *ociom: baron* 259. 3; *veïom: baron* 259. 18;
soliom: garison 276. 35; *aviom: hom* 279. 32. *avions: res-
pons* 379. 7,: *laisseron* 380. 36. 38; *dotion: chaperon* 283.
38. — Durch Silbenzahl gestützt ist die Zweisilbigkeit des
ions (iëns) in *solions* 74. 4, *avions* 87. 23, 273. 26. 302. 23,
312. 14; *alions* 130. 24, 309. 20, *estions* 67. 33, 134. 12,
176. 18, 179. 36, 193. 11, 216. 24, 217. 30, 247. 31. —
395. 7 steht *estiomes* und 440. 36 vor der Cäsur *moviomes*.
In Vers 67. 29 *Et saisi l'eskekicr dont [nos] avion joé* ist
wegen des zweisilbigen *-ion* in *avion* das Wort *nos* über-
zählig. — Vers 184. 22 *He Dex! ce dist Alars, com fol
pensé aviom* wird einsilbiges *-iom* in *aviom* durch Streichen
von *com* vermieden. — 321. 36 *Se perdions nos chevaus,
jamais n'avrions les* ist *perdions* in *perdiens* zu ändern.

Zweisilbiges *iё's* ist gesichert in *perdié's* 104. 31, *ocié's*
120. 5, 122. 11, 332. 27, 339. 9, 351. 8, *estié's* 157. 17, 162.
11. 249. 14, *poié's* 171. 37, 323. 3, *povié'z* 381. 16, *teniё'z*
337. 32, *devié's* 357. 34, *avié'z* 55. 23, 153. 28, 193. 32.
237. 31. 337. 34, 352. 20, *issié's* 101. 18, *querié's* 131. 14,
alié's 171. 35, *savié's* 211. 16, *pandié's* 282. 38, *solié's* 396. 7.

2. Die 1. und 2. Plur. des Condicionale zeigen die zweisilbigen
Endungen *-ions (iëns), -iё's* ungleich seltener. In der Asso-

nanz stehen *tendrion* 11, 4: *Borgoignon; morrions* 191. 3:
escons; voldrions 251. 30: *ont (comme* ist in *com* zu än-
dern). — Durch die Silbenzahl sind gesichert *ferions* 59.
35, 16. 7, 153. 22, *porrions* 94. 18, 133. 12, 302. 24; *avri-
ons* 321. 36, *serionz* 342. 26, 387. 32, 88. 35, *devriëns* 88.
1, 182. 6. —

    -ië's in *avrië's* 153. 29, 27. 28, 278. 33, *prendrië's* 57.
8, 257. 18, 289. 15, *volrië's* 56. 13, 265. 16, 267. 36, 317.
38; *istrië's* 408. 16, *serië's* 138. 22, *faudrië's* 157. 21, *don-
rië's* 330. 4, *ferië's* 379. 13, *oserië's* 391. 35.

3. Neben den zweisilbigen Endungen *ions (iëns)* und *-ië's* sind
die einsilbigen *-iens* und *-iés* in der 1. und 2. Plur. Imp.
und Condic. für alle Theile der Chanson zu belegen.

Theil I. *acroisteriés* [1]) 112. 1, *raveriés* 104. 32.

  II. *faisiés* 141. 24, *volriés* 146. 8.

  III. *estiens* 178. 23, *averiens* [1]) 193. 33, *doteriens* 178.
25, *cuidiens* 184. 23, *feriens* 236. 24. *porriens* 237.
31 (für falsches *porrions*), *perdiens* 321. 36. *passériés*
208. 3, *voliés* 216. 22, *atenderiés* [1]) 211.20, *aviés* 282.
9, 289. 20, 308. 23, *avriés* 282. 38, *mangeriés* 303.
34, *verriés* 317. 2, *conissiés* 283. 15.

  IV. *feriemes* 440. 33, *poiemes* 444. 29, *feriens* 451. 3,
averiéz [1]) 337. 36, *estiés* 432. 13, *oïsiéz* 349. 25.

§ 28.
Perfectum.

Die ältere Endung *-ie* des Perf. der II. schwachen Con-
jugation ist nur zu belegen in *entendié* 167. 25: *chevalier;
combatié* 211. 5: *destrier; espandié* 51. 24: *correcié.* — Von
croire findet sich eine Perfectform *crei* 415. 8: *vestis.* —

Von *chaoir* (welches eine Nebenform chaïr in unserer
Chanson in der Assonanz nicht hat, findet sich ein Perfect
nach der III. schwachen Conj. *chai (cheï, recheï, receï)* 31. 35,
41. 30, 42. 3. 14. 35, 151. 7, 189. 11, 190. 5, 225. 17, 246. 20,
249. 33 etc. In der Assonanz steht kein Beispiel. —

---

[1]) Für *acroisteriés* könnte allerdings auch *acroistriés* stehen, ebenso
avriëns für *averiens*, *atendrië's* für *atenderiés* 211. 20, *avriëz* f. *averiéz* 387, 36.

arestut 121. 36 als Nebenform zu *aresta* 455. 24, 439. 9:
devala (V. 42. 7 hat arestu: vertu, 84. 19: ramu).

§ 29.

Futurum.

Hilfsvocal *e* ist zwischen Verschluss- oder Reibelaut und
r eingeschoben: *esterés* 3. 14, 50. 21, 318. 30. *estera* 64. 28,
76. 25, 183. 3, *esteroit* 67. 33, 229. 6, *garisterés* 75. 38,
vivera 141. 36, *perderont* 145. 29, *defenderés* 194. 24. In
Formen von *avoir* 136. 24. 184. 12, 193. 33, 337. 36, 398. 28;
über Schreibungen wie *averom, averiéz, averai* etc. vgl. Tobler,
Versbau II. Aufl. S. 32: nur hätte dann der Herausgeber
unserer Chanson genauer unterscheiden müssen zwischen drei-
silb. *averai* 398. 28 und zweisilb. *avrai* 187. 23.

Viel häufiger aber fehlt dieses *e*: estra 2. 18, 7. 23, 8. 7,
263. 30, *prendrés* 4. 26, 69. 6, *prendront* 145. 30, *croistrai*
162. 36, *croistra* 165. 18, *estordront* 177. 32, 179. 4. 15, 181.
7. 37, *rendrons* 180. 17, *perdrés* 182. 27, *desfendrés* 182. 37,
rendrés 182. 27, *perdront* 183. 29, *vendrons* 185. 11, *movrai*
381. 21, *istront* 145. 3, *istrai* 400. 19 etc. Zweisilbige
Formen von *avoir*: 190. 15, 191. 2, 194. 35, 208. 22 etc.

Ausfall des *e* liegt vor in *donrai* 10. 21, 61. 36, 66. 28,
26. 33, 39. 35, 47. 38, 119. 13 etc., *pardonra* 38. 4, *amenront*
28. 14, *menrai* 139. 5, 160. 12, *ramenron* 180. 10, *menres*
194. 28, *aidra* 428. 13.

§ 30.

Imperativ.

Der Imperativ der 2. Plur. wird durch den Indicativ
gegeben z. B. *venés* 151. 27: *loés*, 271. 5: *alés*, 291. 11:
recovrés u. s. w.; *entendés* 271. 20: *araisoné, aseürés* 95. 32:
alés, *celés* 99. 37: *honorés*; *pernsés* 122. 5: *escriées* u. s. w.
Ausnahme machen die Verba *estre, avoir, savoir* vgl. Diez,
Gr. II. 253, III. 210. — *oiés* von *oir* steht nur einmal in
der Assonanz 172. 1: *renoié*, dagegen *oés* 152. 22: *cuiderés*,
302. 37: *pandés*, 312. 10: *honorés*, 325. 9: *livrer*: —

Der Subjunctiv zeigt sich ferner in der Wendung *bien veigniés vos* 363. 21. 27, 398. 23. —

§ 31.
Infinitiv.

In der Assonanz stehen die Formen *veïr* 361. 14, 391. 13, 397. 2. 453. 25. 27 (*veoir* 396. 6. [15], 406. 8, 95. 7), *tenir* 158. 31, 159. 11, 264. 18. 38, 360. 38 (13 mal), *retenoir* 262. 15: *comendois.* Ferner nur *tolir* 159. 6, 215. 12, 216. 32, nur *ardoir* 95. 15, 396. 8, nur *chaoir* 241. 14, 396. 13, nur *seoir* (*aseoir, deseoir*) 372. 13, 396. 17, 406. 13. 15, 447. 21. 24. 25. 32. —

§ 32.
Participium.

Von den Verben der III. schwachen Conj. haben folgende ein Participium auf -*u*: es stehen in der Assonanz von *ferir* -*feru* 42. 13. 20, 84. 30; daneben findet sich *feri* 358. 3: *entendi.* Von *vestir—vestu* 134. 19: *eü*, aber stets *fer vestis* 9. 26, 28. 2, 81. 38, 136. 18, 216. 35, 263. 18. 23, 264. 22, 415. 9; von *issir* nur *issu* 134. 6, 230. 2, 42. 17, 75. 15, 435. 11, 441. 11. — *aquellir* hat nur *i*: 22. 1, 30. 1, 62. 21, 78. 31. 38, 82. 29. 34, 414. 38, *esquelli* 61. 17. —

Von den starken Verben zeigt *lire* ein Participium *eslis* in der Assonanz 216. 7, 365. 28, 379. 36, daneben *esleü* 384. 33: *veü*; von *faillir—failli* 50. 26, 61. 27, 159. 38, 216. 37, 265. 1, 349. 35 neben *faillu* 340. 25, 362. 34, 396. 3; von *asseoir* nur *assis* 51. 12, 136. 12, 215. 5, 263. 21. —

§ 33.
Schluss.

Folgende sprachliche Eigenthümlichkeiten gehen durch die verschiedenen Theile (I, II—III, IV) unsrer Chanson hindurch.

  a) die Assonanzen zeigen

1. *o* + *m* und *n* in der Bindung mit *o*[1] (§ 6).
2. die Verwandlung der Endung *iee* in *ie* (§ 9. 5).
3. *lui* (*li*) ist nur zu *i*, nie zu *u* gebunden (§§ 10 und 21).
4. die Bindung *oi* (*o* + i): *oi* (lat. e, i) § 11.

5. die Bindung *ai*: *a* in männlichen Laissen vor oralen Consonanten. Sehr selten (§ 12. 2).

6. die Bindung *ai*: *e¹* (§ 12. 3). Theil I giebt uns darüber keinen Aufschluss, weil er keine Laisse auf *e¹* hat.

7. *e²* ist noch nicht in *e¹* übergegangen (§ 8). Theil I giebt uns auch hierüber keinen Aufschluss.

    b) die Silbenzählung ergiebt:

8. schon theilweise vorhandenes *s* im nom. sing. männlicher Nomina auf unbetontes *e* (§ 16).

9. der Accusativ steht statt des Nominativs (§ 18).

10. die Kürzung des männlichen Artikels *li* im nom. sing. (§ 22).

11. die gekürzten Formen *no*, *vo* für unbetontes *nostre*, *vostre* (§ 23).

12. die 1. Pers. Sing. Praes. Ind. hat kein *e* (§ 26. 1).

13. das *e* der 3. Sing. verbi ist vor vocalisch anlautenden Wörtern ohne Silbenwerth (§ 26. 2).

14. die Endungen *ions* (*iens*) und *iés* bald einsilbig, bald zweisilbig gebraucht (§ 27).

15. die 1. Plur. auf -*mes* (§ 25). Sie weist auf picardisches Gebiet. — Die gewöhnliche Endung ist aber — *ns*.

16. *e* zwischen Verschluss — oder Reibelaut und *r* (§ 29). Erscheint besonders bei picardischen Dichtern. Viel häufiger fehlt dieses *e* in unsrer Chanson.

17. gelegentliches Verstummen des inlautenden *e* vor Vocal (§ 14). Diese Erscheinung ist älter auf picardischem und wallonischem Gebiet als in Isle de France. — Im Allgemeinen behält dieses *e* in unsrem Texte seinen Silbenwerth.

    Aber die verschiedenen Theile der Chanson unterscheiden sich darin, dass

18. *jou* in der Assonanz sich nur einmal findet 247. 4: *baron*. Weist auf picardisches Gebiet.

19. die betonten Pron. Pers. *mi*, *ti* nur in II—III und IV in der Assonanz stehen. Vgl. 158. 27 und 358. 5. 364. 33, 383. 6. 11, 395. 3, 442. 27, 446. 20, 446. 20. 446. 22 (§ 21).

Es fragt sich nun: ist diese Uebereinstimmung der einzelnen Theile der Chanson ursprünglich? Dann müssten wir annehmen, dass die verschiedenen Dichter in einer und derselben Gegend geschrieben oder gesungen haben. Oder: ist diese sprachliche Uebereinstimmung erst die Folge einer spätern Ueberarbeitung? Ich möchte mich für die erste Annahme entscheiden; denn ein Ueberarbeiter der ganzen Chanson hätte sicherlich so wesentliche Widersprüche, wie sie in § 3 C. b angeführt sind, getilgt. —

Und welches ist nun die gemeinsame Heimath unsrer Dichter? Nach 2. 14. 15. 18. gehört die Chanson der picardischen oder wallonischen Mundart an. Indessen zeigt sie so viele Züge der francischen Mundart, dass es sich vielleicht empfiehlt, sie in das Grenzgebiet des Picardischen und Francischen zu setzen. — Nahe liegt die Vermuthung, dass die Heimath der Renautlieder in der Gegend der Ardennen zu suchen ist.

Zum Schluss kann ich nicht unterlassen, meinem hochverehrten Lehrer, Herrn Prof. Dr. Suchier für die freundliche Unterstützung, die er meiner Arbeit hat zu Theil werden lassen, auch an dieser Stelle meinen besten Dank auszusprechen. —

Assonanzvocale.

m = männlicher Versausgang.

w = weiblicher   „

I. Theil.

u' (m) 42. 5, 60. 3, 75. 5, 84. 8, 86. 22, 133. 35,

o¹ (m) 9. 27, 16. 14, 27. 3, 38. 22, 42. 30, 47. 28, 49. 35, 65. 12, 69. 3 (-or), 93. 2, 107. 25 (-or), 111. 20 (or), 119. 9.

a (m) 17. 26, 28. 25, 28. 32, 51. 33,

   (w) 20. 36, 118. 30,

a und e + **Nasal** (m).

      1. Reine Laissen in *a* + *Nasal* 42. 21, 130. 4,

      2. Reine Laissen in *e* + *Nasal* 12. 28, 117. 8,

      3. Gemischte Laissen:

         α) es überwiegt *a* + *Nasal* 2. 27, 18. 30, 22. 21, 31. 34, 35. 29, 46. 25, 65. 36, 78. 2, 90. 38,

         β) es überwiegt *e* + *Nasal* 15. 25, 45. 5, 110. 27, 118. 11.

e³ (m) 1. 1, 3. 35, 5. 23, 12. 1, 23. 30, 25. 30, 32. 36, 39. 37, 43. 34, 46. 37, 48. 18, 48. 37, 52. 16, 63. 6, 66. 36, 72. 27, 75. 20, 79. 22, 83. 2, 85. 3, 87. 4, 93. 36, 94. 34, 95. 26, 98. 21, 103. 15, 105. 30, 108. 1, 112. 4, 115. 20, 122. 3, 124. 19, 126. 31,

   (w) 14. 8, 30. 34, 71. 37, 102. 9, 113. 22,

i (m) 8. 14, 18. 3, 27. 38, 38. 9, 44. 30, 50. 26, 61. 13, 78. 30, 81. 35, 135. 4,

   (w) 21. 17, 29. 25, 41. 12, 97. 31,

oi (m) 4. 38, 60. 23, 64. 26, 95. 5, 117. 35,

ai (m) 18. 21,

e (m) 7. 27, 13. 15, 19. 30, 45. 38, 51. 13, 53. 21, 69. 31. 77. 3, 89. 38, 100. 26, 101. 10, 104. 28, 105. 7, 109, 29, 114. 30, 120. 9, 123. 38, 126. 6, 131. 21, 134. 24.

II. Theil.

o¹ (m) 136. 25, 139. 2, 145. 4, 156. 1, 160. 7,
   (w) 139. 10, 141. 28, 158. 12,
a (m) 142. 22, 164. 27,
a und e + **Nasal** (m) 155. 4,
          (w) 142. 1,
e¹ (m) 144. 27,
e³ (m) 138. 18, 146. 23, 149. 31, 150. 35, 152. 22, 157. 2,
    161. 1, 162. 30, 165. 13, 168. 7, 173. 8,
   (w) 143. 25, 148. 29,
i (m) 136. 1, 158. 25, 158. 36,
   (w) 142. 34, 157. 30, 161. 37,
oi (m) 163. 14,
ie (m) 139. 23, 166. 21, 170. 1.

III. Theil.

u (w) 229. 27,
o¹ (m) 175. 1, 194. 21, 200. 26, 213. 8, 217. 24, 243. 21,
    257. 36, 262. 16, 265. 28, 276. 27,
a (m) 242. 26,
e¹ (m) 276. 16,
   (w) 241. 35,
e³ (m) 198. 38, 227. 5, 230. 7, 241. 15, 263. 34, 265. 4,
    266. 8, 287. 5,
i (m) 194. 7, 214. 8, 263. 16, 264. 13,
oi (m) 212. 28, 240. 29, 256. 31, 261. 25,
ie (m) 200. 1, 207. 25,

IV. Theil.

u (m) 340. 21, 362. 30, 384. 29, 394. 22, 426. 1, 434. 33,
    441. 3,
   (w) 378. 23, 385. 16, 395. 29, 403. 2, 417. 2, 432. 2,
    444. 33,
o¹ (m) 335. 34. 341. 19 (-or). 348. 9, 350. 31, 352. 24, 364. 7,
    369. 4, 378. 38, 380. 17, 388. 3 (-or), 401. 19, 404. 13,
    410. 26 (-our), 415. 28, 420. 6 (-or), 425. 17, 430. 22,
    433. 15, (-our), 436. 4. 437. 15, 441. 19,
   (w) 338. 9, 380. 7, 385. 8, 391. 27, 395. 18,

o² (m) 339. 17, 397. 36,

    (w) 347. 12, 356. 8, 368. 22, 402. 24,

a (m) 331. 27, 334. 23, 339. 31, 362. 23, 363. 23, 371. 33,
      372. 16, 375. 3, 386. 10, 387. 9, 388. 16, 400. 14,
      403. 27, 404. 4, 416. 13, 418. 30, 427. 6, 433. 28,
      438. 25, 443. 15, 445. 18, 447. 34, 449. 34, 450. 31,
      452. 5, 456. 9,

    (w) 331. 1, 345. 29, 358. 16, 362. 38, 372. 36, 378. 14,
      386. 25, 392. 6, 399. 24, 421. 33, 439. 15, 453. 34,

a + mouill, l + e 371. 9, 426. 17,

a und e + Nasal

       1. Reine Laissen in a + *Nasal* (m) 338. 28, 346. 3,
          369. 35, 398. 24, 402. 7,
          (w) 364. 37, 379. 9, 381. 22, 407. 21, 443. 33,
       2. Reine Laissen in e + *Nasal* (m) 350. 11,
          422. 10, 457. 15,
          (w) 355. 1, 358. 33, 373. 33, 374. 27, 389. 34,
            400. 27, 401. 32,
       3. Gemischte Laissen:
          $α^1$) es überwiegt a + *Nasal* (m) 342. 28, 345. 17,
            413. 2, 418. 38, 424. 14, 436. 33, 451. 25,
          $α^2$) es überwiegt a + *Nasal* (w),
          $β^1$) es überwiegt e + *Nasal* (m) 332. 35, 343. 1,
            354. 11, 387. 25, 405. 23, 426. 22, 435. 17,
            442. 28,
          $β^2$) es überwiegt e + *Nasal* (w) 370. 31, 440. 20,

e¹ (m) 340. 6, 399. 3, 408. 30, 443. 26,

  (w) 363. 35, 379. 24, 385. 33, 397. 18,

e + mouill, l (m) 338. 21, 341. 11, 382. 15,

        (w) 339. 7,

e² (w) 349. 38, 359. 17, 388. 25,

e³ (m) 336. 33, 340. 31, 343. 28, 344. 27, 351. 30, 356. 18,
      368. 10, 373. 17, 375. 21, 381. 29, 388. 34, 391. 14,
      394. 10, 399. 14, 404. 22, 411. 6, 417. 23, 420. 20,
      422. 35, 431. 5, 440. 7, 444. 10, 445. 3, 448. 26,
      450. 18, 452. 36,

(w) 344. 11, 366. 1, 376. 30, 386. 35, 390. 9, 409. 7, 410. 2, 421. 7, 422. 31, 429. 10, 446. 34, 454. 27, 455. 19,

i (m) 334. 6, 342. 16, 349. 14, 358. 2, 360. 38, 361. 31, 364. 22, 365. 20, 367. 22, 371. 21, 374. 3, 378. 2, 383. 4, 383. 24, 390. 32, 391. 37, 394. 32, 396. 36, 405. 4, 414. 37, 419. 23, 437. 35, 442. 9, 446. 18, 450. 6, 453. 23, 455. 4,

(w) 334. 36, 337. 24, 344. 18, 355. 34, 365. 11, 368. 29, 370. 19, 370. 38, 379. 32, 382. 28, 383. 36, 396. 18, 397. 29, 398. 12, 403. 12, 406. 19, 412. 1, 413. 33, 427. 28, 430. 4, 439. 24, 439. 32, 452. 17,

i + Nasal (m) 376. 6, 405. 14,

(w) 346. 19, 400. 5, 406. 35,

ue (m) 360. 4, 366. 36, ·

oi (m) 332. 9, 333. 16, 347. 21, 352. 37, 359. 4, 361. 19 362. 8, 372. 3, 375. 35, 376. 37, 392. 29, 396. 6, 406. 8, 408. 21, 412. 30, 418. 23, 428. 15, 436. 21, 440. 32, 447. 18, 451. 1,

(w) 353. 12, 355. 20, 357. 10, 366. 17, 377. 11, 381. 3, 404. 31, 412. 14, 445. 11, 454. 10, 454. 21,

ai (m) 336. 21, 353. 33, 360. 27, 369. 21, 375. 13, 381. 14, 382. 3, 384. 19, 407. 9, 408. 2, 446. 8,

(w) 354. 27, 359. 28, 365. 32, 377. 30, 396. 28, 407. 29, 447. 10,

ai + Nasal (m) 352. 9, 419. 36,

(w) 335. 24, 341. 38, 367. 33, 414. 3, 429. 31,

ie (m) 333. 27, 343. 19, 351. 7, 357. 21, 360. 11, 370. 8, 393. 2, 393. 27, 401. 2, 409. 29, 414. 16, 417. 11, 423. 33, 424. 37, 428. 29, 441. 32, 445. 31, 448. 5,

(w) 367. 6, 409. 19, 432. 31.

VITA.

Natus sum Rudolphus Julius Ricardus Zwick oppido quod Finsterwalde appellatur Lusatico die XXVI. Oct. h. s. LVII patre Traugott, matre Guilelma e gente Haferland, quos morte mihi ereptos esse praematura valde lugeo. Fidem profiteor evangelicam. Maturitatis testimonio gymnasii realis Francofurti ad Viadrum instructus ineunte vere anni h. s. LXXVIII in almam litterarum Academiam Berolinensem sum receptus, ubi per quinque semestria virorum illustrissimorum Althaus, Bresslau, Geiger, Harms, Lazarus, Müller, Tobler, a Treitschke, Zeller, Zimmer, Zupitza, scholas adii. Tum quinquies sex menses in Academia Fridericiana Halensi cum Vitebergensi consociata scholas frequentavi virorum illustrissimorum Elze, Kirchhoff, Lehmann, Suchier, Thiele, Ulrici.

Benevolentia Hermanni Suchier mihi contigit, ut per duo semestria seminarii Romanici, Alfredi Kirchhoff ut per tria geographici, Guntheri Thiele ut per sex menses seminarii philosophici essem sodalis. — Omnibus illis quos nominavi viris optime de me meritis gratias et nunc ago et semper habebo quam maximas.